한 번 읽으면
절대 잊을 수 없는
글쓰기 교과서

한 번 읽으면
절대 잊을 수 없는
글쓰기 교과서

쓰지 다카무네 지음 | 박기옥 옮김

시그마북스
Sigma Books

한 번 읽으면 절대 잊을 수 없는
글쓰기 교과서

발행일 2025년 3월 24일 초판 1쇄 발행
지은이 쓰지 다카무네
옮긴이 박기옥
발행인 강학경
발행처 시그마북스
마케팅 정제용
에디터 신영선, 양수진, 최연정, 최윤정
디자인 김문배, 강경희, 정민애

등록번호 제10-965호
주소 서울특별시 영등포구 양평로 22길 21 선유도코오롱디지털타워 A402호
전자우편 sigmabooks@spress.co.kr
홈페이지 http://www.sigmabooks.co.kr
전화 (02) 2062-5288~9
팩시밀리 (02) 323-4197
ISBN 979-11-6862-342-2 (13700)

논리적 글쓰기의 세 가지 비결

"쓰다 보면 내용이 뒤죽박죽 엉켜 버려요."

"애초에 무슨 말을 써야 할지도 모르겠어요."

글만 쓰려고 하면 이처럼 머리를 쥐어뜯는 사람이 많습니다. 서점에 가 보아도 글쓰기를 주제로 한 책이 잔뜩 놓여 있습니다. 글쓰기를 어려워하는 사람이 이렇게 많은 이유는 무엇일까요?

국어 교사인 저는 크든 작든 학교 교육에도 원인이 있다고 생각합니다. 본래 글쓰기 능력을 기르는 것은 국어 교육의 목표 가운데 하나이기 때문입니다. 국어를 두고 단순히 '글을 읽고 이해하는 능력을 키우는 과목'이라고 하는 사람이 많지만 실제로는 그렇지 않습니다. 국어를 바르게 정의하면 '논리적 사고력을 익히는 과목'이라고 할 수 있습니다.

독해력은 글을 읽고 논리적으로 이해하는 능력입니다. 글을 논리 정연하게 쓰는 능력은 문장력이라고 합니다. 학교에서 진행하는 국어 교육은 독해력에 비해 문장력을 다소 가볍게 여기는 경향이 있지만, 저는 독해력과 문장력을 동시에 갈고닦을 때 상승효과가 일어나 논리적 사고력을 단숨에 끌어올릴 수 있다고 생각합니다.

'논리적인 글'이라 하면 덮어놓고 어렵겠다고 느끼는 사람도 있겠지만 걱정하지 마세요. **글을 논리적으로 쓰는 방법은 깜짝 놀랄 만큼 간단합니다. 스스로 질문을 만들고 그 질문에 대답하는 것.** 이것이 전부입니다. **'질문하고 대답한다'라는 방법을 쓰면 누구든지 조리 있고 읽기 쉬운 글을 쓸 수 있습니다.**

이 책에서는 글쓰기를 어려워하던 사람도 손쉽게 도전할 수 있게끔 질문하고 답하는 방법을 다음의 세 단계로 나누어 설명합니다.

[1단계] '큰 질문'을 만든다.
[2단계] '큰 질문'을 '작은 질문'으로 분해한다.
[3단계] '작은 질문'에 답한다.

학교에서 중고등학생에게 국어를 가르치면서 1학년 때는 글을 한 줄도 쓰지 못하고 원고지를 백지로 제출하던 학생이 졸업할 무렵에는 몰라보게 좋은 글을 완성하는 모습을 여러 번 보았습니다.

글을 조리 있게 쓰고 싶지만 어떻게 해야 좋을지 막막한 사회인, 보고서 쓰는 것을 어려워하는 학생, 논술에 대비하려는 수험생 여러분에게 이 책이 조금이라도 도움이 되기를 바랍니다.

니시야마토학원 중·고등학교 교사

쓰지 다카무네

차례

제1장　좋은 글을 쓰기 위한 3단계 법칙

제2장　글을 쓰기에 앞서 질문을 만든다

제3장　글쓰기가 쉬워지는 질문 만들기

사람들이 글쓰기를 어려워하는 이유

 ## 학교 교육에도 책임이 있다

서문에서도 말했듯이 저는 오늘날의 학교 교육이 '글 못 쓰는 사람'을 만드는 원인 가운데 하나라고 생각합니다.

어느 학교에서든 원고지 쓰는 법은 가르칩니다. 예를 들어 '첫 줄은 한 칸 들여 쓸 것'이나 '마침표는 네모 칸 안의 왼쪽 아래에 찍을 것'이 있습니다. 하지만 정작 중요한 글쓰기 방법은 제대로 지도하지 않는 경우가 대부분입니다. 그래서 많은 학생이 '글쓰기란 자기 머릿속에 있는 지식과 정보를 끄집어내어 원고지를 꾸역꾸역 채워 나가는 활동'이라고 착각하고 맙니다.

흔히들 "글을 잘 쓰려면 무조건 많이 써 보는 것이 중요하다"라고 말합니다. 그 방법으로는 주로 일기 쓰기나 신문 기사 요약하기를 추천하는데, 요령도 모르면서 무작정 많이 쓴다고 해서 문장력이 좋아지리라 기대하기는 어렵습니다.

 ## 올바른 글쓰기 방법

그렇다면 문장력을 향상시키기 위한 올바른 글쓰기 방법은 무엇일까요? 바로 **스스로 질문하고 그 질문에 답하는 형식으로 글을 쓰는 것**입니다. 떠오르는 대로 아무 내용이나 휘갈길 것이 아니라 먼저 질문을 만듭니다. 이어서 그 질문에 대답하듯 문장을 쓰다 보면 누구라도 이해하기 쉬운 글을 쓸 수 있을 것입니다.

글쓰기를 익히려면 문법이나 문장 구조처럼 자잘한 규칙을 먼저 외워야 한다고 생각하는 사람이 많지만, 실은 그보다 훨씬 간단한 일입니다. 글쓰기 실력을 키우고 싶다면 문법과 어휘를 공부하라는 의견도 있지만 저는 동의하지 않습니다. 물론 문법 지식이나 어휘력도 중요하기는 합니다. 하지만 세세한 부분을 학습하기 전에 우선은 질문 만드는 법부터 배워야 글쓰기의 첫걸음을 뗄 수 있습니다.

3단계 법칙만 알면
누구든지 글을 쓸 수 있다!

 일단 '큰 질문'을 만든다

저는 현직 국어 교사로 중고등학생을 가르치고 있습니다. 수업 중 "각자 질문을 떠올리고 그에 답하듯 글을 써 보세요"라고 대뜸 말한들 글을 못 쓰던 학생이 갑자기 잘 쓰게 되지는 않습니다. 그래서 글쓰기의 3단계 법칙을 만들었습니다. 각 단계를 따르다 보면 아무리 글쓰기를 어려워하던 사람이라도 논리적이고 읽기 쉬운 글을 쓸 수 있습니다.

오른쪽 그림을 보십시오. 요점은 먼저 '큰 질문'을 만든 다음, 이 '큰 질문'을 가지고 구체화함으로써 '작은 질문' 여러 개를 만드는 것입니다.

약 1,000자 분량의 짧은 글이라면 3단계를 따라 하는 것만으로도 막힘없이 쓸 수 있을 것입니다. 단계별 내용은 뒤에서 더 자세히 설명하겠습니다.

 문장력이란?

어떻게 '스스로 묻고 스스로 답하는 형식'을 따르는 것만으로 누구나 쉽게 글을 술술 쓸 수 있게 될까요? 이유는 간단합니다. 묻고 답하는 사이에 '자신의 주장'과 '근거'가 자연스레 명확해지고 앞뒤가 맞는 문장이 만들어지기 때문입니다. 다시 말해 **논리적인 문장이 된다**는 뜻입니다.

글쓰기가 어렵게 느껴지는 가장 큰 이유는 문법을 모르거나 어휘가 부족해서가 아닙니다.

1단계 '큰 질문'을 만든다

'큰 질문'이란 '이 글을 쓰는 목적에 해당하는 질문'을 말한다. 예컨대 자기소개 글에서 '큰 질문'은 "당신은 어떤 사람입니까?"일 것이다.

2단계 '큰 질문'을 '작은 질문'으로 분해한다

'큰 질문'을 쪼개어 자세한 내용을 담은 '작은 질문' 여러 개를 만든다. '큰 질문'에는 바로 답하기 어려운 경우가 많으므로 '작은 질문'으로 분해해 답하기 쉬운 상태로 만들 필요가 있다.

3단계 '작은 질문'에 답한다

2단계에서 만든 '작은 질문'에 하나씩 답해 나간다. 너무 깊이 생각하지 않고 주어진 질문에 있는 그대로 답하는 것이 요령이다. 답이 바로 나오지 않는다면 2단계로 돌아가 다시 한 번 '작은 질문'으로 만들어 본다.

국어 = $\dfrac{\text{읽고 쓰기를 통해}}{\text{논리적 사고력을 키우는 과목}}$

독해

문장을 '논리적'으로
읽는 훈련

작문

상대방에게 뜻이
전달되도록
'논리적인 문장'을
쓰는 훈련

문법이나 어휘보다
논리적인가 아닌가를 의식하면서
글을 쓰는 것이 무엇보다 중요하다

논리력이 부족하기 때문입니다. 글쓰기 실력을 기르려면 문법과 어휘력을 따지기 전에 먼저 논리 정연한 문장을 쓰는 바탕부터 다져야 합니다.

　우선은 이 책의 제1장에서 제4장에 걸쳐 글쓰기 3단계 법칙을 익히도록 합니다. 그 뒤에 제5장으로 넘어가 문장력을 키우며 문장의 완성도를 높여 봅시다.

제1장

좋은 글을
쓰기 위한
3단계 법칙

재능이나 지식이 없어도 쓸 수 있다!

 글솜씨가 없어서 글을 못 쓴다?

"뭐라고 써야 할지 모르겠어요."

필자의 제자 중에도 이런 이유로 고민하는 사람이 많습니다. 글 쓰는 재주가 아예 없다며 우울해하는 모습도 흔히 보는데, 사실 글을 쓸 때 타고난 재능이나 감각은 그리 중요하지 않습니다. 고등학교 1학년 때는 문장다운 문장을 한 줄도 쓰지 못했거나 내용을 두서없이 늘어놓던 학생이 학교를 졸업할 무렵에는 이해하기 쉽고 정돈된 글을 써 내려가는 경우도 드물지 않습니다.

글재주나 감각이 부족하지는 않지만 지식이 부족해 글을 쓰지 못한다고 말하는 사람도 있습니다. 그런 사람은 "아는 게 없으니 쓸 말도 없는 것이다. 그러니 아직은 글을 쓸 때가 아니다"라고 착각하며 지식을 늘리는 데만 매달리고 맙니다. 그러면서 원래 목적이었던 '쓰기'와는 점점 더 멀어지고 말지요.

 정보가 부족해도 글은 쓸 수 있다

머릿속에 쓸 내용이 없어서 글쓰기가 어렵다는 말도 이해는 됩니다만, 사실 **글쓰기가 어려운 이유는 지식이나 정보 부족 때문이 아닙니다.**

만약 처음 만난 사람에게 갑자기 10분간 자기소개를 해야 한다고 칩시다. 태어난 곳, 나이,

취미까지는 말할 수 있어도 그다음에는 무슨 이야기를 할까, 곰곰이 생각할 시간이 필요할 것입니다.

말하기와 쓰기라는 형식상 차이는 있지만 '알고 있는 정보를 풀어놓는다'라는 점에서 자기소개와 글쓰기는 닮은꼴입니다. 자기 자신에 관해 이야기할 내용이 하나도 없을 리는 만무하겠지요. 그런데 이처럼 정보가 충분한데도 말문이 막히는 경우가 있다는 것은, 뒤집어 말하면 무엇을 말하거나 쓸 때 정보의 절대량은 크게 중요하지 않다는 뜻도 됩니다.

지식이나 정보 부족 때문도 아니라면 글쓰기가 어려운 진짜 이유는 과연 무엇일까요?

제1장
좋은 글을 쓰기 위한 3단계 법칙

제2장
글을 쓰기에 앞서 질문을 만든다

제3장
글쓰기가 쉬워지는 질문 만들기

제4장
직접 만든 질문에 답한다

제5장
글의 완성도를 높이는 문장력 키우기

질문을 만들면 글쓰기가 쉬워진다

 질문을 받으면 대답하기도 쉬운 법

다음의 다섯 가지 문항을 봅시다.

1. 쉬는 날에는 주로 무엇을 합니까? 지난 휴가는 어떻게 보냈습니까?

2. 요즘 기분 좋았던 일은 무엇입니까?

3. 반대로 속상한 일이 있었다면 무엇입니까?

4. 당신에게 영향을 준 작품(소설, 만화, 영화, 애니메이션, 드라마 등)을 하나 고르고, 어떠한 영향을 받았는지 알려 주세요.

5. 주위 친구들은 당신을 어떤 사람이라고 이야기합니까?

이 다섯 가지 항목에 차례로 답하면 다음과 같은 자기소개 글이 만들어집니다.

지난번 황금연휴에는 친구와 골프를 쳤습니다. 골프가 취미인데 평소에는 영 시간이 나지 않아 아쉽습니다. 긴 연휴 덕에 드디어 골프장에도 다녀오고 휴가를 매우 알차게 썼습니다. 요즘 기분 좋았던 일이라면 작년 말 제가 다니는 회사 사업부에서 목표를 달성한 것입니다. 반대로 슬픈 일도 있었는데, 오래 사귀었던 연인에게 이별 통보를 받게 된 일이었습니다. 좋아하는 소설은 사카구치 안고의 『타락론』입니다. 우울할 때 이 책을 읽으며 기운을 차리곤 합니다. 친구는 저를 두고 '자기가 먼저 말을 꺼내는 편은 아니지만 친해지면 말수가 늘어나는 사람'이라고 하는 만큼, 바라건대 여러분도 제게 편히 말을 걸어주시면 좋겠습니다.

그저 질문에 답했을 뿐인데 저절로 자기소개 글이 완성되었습니다. 무작정 자기소개를 하려면 금세 말문이 막히지만, 구체적인 질문이 있다면 마치 인터뷰에 응하는 것처럼 답변하기 쉬워지는 이유는 무엇일까요? **글쓰기에서 가장 중요한 것은 지식이 아니라 '질문'**이기 때문입니다.

글쓰기는 질문에 답하는 행위

 ## 모든 글에는 질문이 존재한다

그렇다면 질문이 없을 때는 글도 쓰지 못한다는 뜻일까요?

이 말은 전제부터 잘못되었습니다. 애초에 **글쓰기의 본질은 '질문에 답하는 행위'**이기 때문입니다. 이를테면 독서감상문은 "이 책을 읽고 무엇을 느꼈습니까?"라는 질문에 대한 답변이지요. 자기소개 글은 "당신은 어떤 사람입니까?"라는 질문의 대답이고요.

이 책 역시 "어떻게 하면 글쓰기를 어려워하는 사람도 글을 쉽게 쓸 수 있을까?"라는 질문에 답하는 형식으로 쓰여 있습니다.

 ## 신문이나 소설도 마찬가지

신문 기사도 "요즘 세상에는 어떤 사건이 무엇 때문에 일어나고 있는가?"라는 질문에 대답하는 글입니다. 소설도 똑같이 설명할 수 있습니다. 추리소설을 예로 들면 먼저 수상한 사건이 터진 뒤 사건의 진상을 차츰 밝혀냅니다. 여기서는 '사건'이 질문에 해당합니다. '진상'이 그 대답이고요.

"어떤 이유로 범인은 사건을 일으켰는가?"

"범행 당일, 범인의 행적은?"

"진범은 누구인가?"

이러한 의문을 탐정이 하나씩 풀어 나갑니다. 연애소설 역시 "주인공은 누구와 맺어질까?"라는 물음에 답하는 내용이라 하겠습니다. 만화, 애니메이션, 드라마, 어떤 작품이든지요. 동화나 문학 작품은 어떤지 살펴볼까요?

이솝 우화 『해와 바람』은 태양과 북풍이 나그네의 외투를 서로 먼저 벗기려고 내기한다는 이야기입니다. 먼저 북풍이 나그네에게 거센 바람을 불어 외투를 억지로 벗기려 하지만, 나그네는 외투가 날아가지 않도록 도리어 꼭 붙잡기 때문에 실패합니다. 반면 태양은 따스한 볕으로 나그네를 감싸고 더위를 느낀 나그네는 스스로 외투를 벗습니다. 이처럼 『해와 바람』에는 "어떻게 해야 상대방이 나의 의견을 받아들일까?"라는 질문과 그 대답이 교훈적인 형식으로 실려 있습니다.

일본 작가 기쿠치 간의 소설 『은혜와 원한을 넘어서』라는 책에서는 살인을 저지르고 죄책감에 시달리던 주인공이 본인의 죄와 정면으로 마주하고 속죄하는 과정이 그려집니다. 작품 후반부에는 피해자의 아들이 등장해 주인공에게 복수하고자 합니다. 두 인물의 관계를 통해 "사람은 어떻게 하면 죄를 씻을 수 있는가?", "은혜와 원한 너머에는 무엇이 기다리고 있는가?"라는 질문을 던지는 소설입니다.

그 밖에도 **평론, 신문, 소설, 만화 등 분야는 달라도 어떤 책이든 밑바탕에는 반드시 질문이 숨겨져 있습니다.**

그림 1-1 글쓰기란 무엇인가?

글을 쓴다   =   **질문에 대한 답변을 만드는 행위**

왜 ~인가?

왜냐하면 ~이기 때문이다.

따라서 모든 글에는 반드시 질문이 존재한다!

글의 종류	질문

 독서감상문 ➡️ 이 책을 읽고 당신은 어떤 감상을 느꼈는가?

 자기소개 글 ➡️ 당신은 어떤 사람인가?

 신문 ➡️ 요즘 세상에는 어떤 사건이 벌어지고 있는가? 그 사건은 왜 일어났는가?

 연애소설 ➡️ 주인공의 사랑의 행방은?

세 가지 법칙만 알면 누구나 쓸 수 있다

제1장
3단계법칙 좋은 글을 쓰기 위한

제2장 글을 쓰기에 앞서

제3장 글쓰기가 쉬워지는 질문 만들기

제4장 답한다 직접 만드는 질문에

제5장 글의 완성도를 높이는 문장력 키우기

질문을 분해한다

질문을 꺼내고 답을 내놓을 때 중요한 작업이 있습니다. 바로 '질문 분해'입니다. 앞서 보았던 자기소개 글을 예로 들면 "자기소개를 하세요"라는 요구에는 금세 말문이 막히기 쉽다고 했습니다. 그러나 "휴일은 어떻게 보내는가?"나 "최근에 어떤 좋은 일이 있었는가?"처럼 구체적인 질문을 받다 보면 어느새 자기소개가 이루어졌습니다. 이처럼 '자기소개'라는 큰 질문을 '휴일을 보내는 법'이나 '최근 겪은 좋은 일'처럼 '작은 질문' 여러 개로 분해한다면 글쓰기가 한결 쉬워집니다. 이 과정은 그림 1-2에 나타낸 것처럼 세 단계로 나뉩니다. 하나씩 자세히 살펴보도록 하지요.

[1단계] '큰 질문'을 만든다

'큰 질문'은 그 글을 쓰는 목적에 해당하는 질문입니다.

자기소개 글을 쓰는 목적은 글을 읽는 이에게 자신이 어떤 사람인지 알리기 위해서입니다. "자기소개를 하세요"라는 요청은 "당신은 어떤 사람입니까?"라는 질문으로 바꿀 수 있습니다. 자기소개 글에서는 "당신은 어떤 사람입니까?"가 '큰 질문'에 해당하는 것입니다.

그림 1-2   질문에 답하는 3단계 법칙

자기소개 글을 쓰는 경우

1단계   '큰 질문'을 만든다

'큰 질문'은 '그 글을 쓰는 목적'을 말한다.

(큰 질문)   "당신은 어떤 사람입니까?"

2단계   '큰 질문'을 '작은 질문'으로 분해한다

'큰 질문'을 나누어 구체적으로 작은 질문 여러 개를 만든다.

(작은 질문 1)   "휴일에는 어떻게 지냅니까?"

(작은 질문 2)   "요즘 즐거웠던 일은 무엇입니까?"

3단계   '작은 질문'에 답한다

2단계에서 만든 '작은 질문'에 하나씩 답한다.
대답할 수 없다면 2단계로 돌아가 '작은 질문'을 점검한다.

저는 이번 황금연휴에
친구와 골프장에서….
최근에 기뻤던 일이 있다면….

[2단계] '큰 질문'을 '작은 질문'으로 분해한다

갑자기 "당신은 어떤 사람입니까?"라고 물으면 대답하기 어렵겠지요. 이와 같이 '큰 질문'도 그대로는 답하기 어렵습니다. **'큰 질문'을 '작은 질문'으로 분해해 대답하기 쉬워지도록 만들어야 합니다.**

"당신은 어떤 사람입니까?"라는 질문에서는 '어떤 사람?'이라는 부분을 '휴일을 보내는 법'과 '최근 겪은 좋은 일'처럼 구체적인 '작은 질문' 여러 개로 분해합니다.

 ## [3단계] '작은 질문'에 답한다

'작은 질문'이 몇 가지 만들어졌으면 이제 하나씩 답하면 됩니다. 중요한 점은 **너무 깊이 생각하지 않고 다만 주어진 질문에 답한다**는 마음가짐으로 임하는 것입니다. 혹시 답이 금방 나오지 않는다면 이는 답을 구하기 어려운 내용이라서가 아니라 문제가 아직도 답하기 어려운 형태에 머물러 있기 때문입니다. 즉 충분히 분해되지 않았을 가능성이 높습니다. 3단계에서 막힌다면 2단계로 돌아가 '작은 질문'을 다시 한 번 살펴보는 것이 좋겠습니다.

 ## 어떤 글이든 3단계 과정에 따라 쓸 수 있다

지금까지 글쓰기의 3단계 법칙을 살펴보았습니다.

짧은 글은 대부분 3단계 법칙을 통해 해결됩니다. 글이 잘 써지지 않을 때는 이 단계 중 어딘가에서 막힌 상태입니다. 1단계에서 '큰 질문'을 정하지 못해 글을 시작하지 못했을 수도 있고, 2단계에서 '큰 질문'을 분해하는 데 애를 먹고 있을지도 모릅니다. 어찌 되었든 **3단계 과정 중에 막힌 곳을 찾아내 해결한다면 누구든지 글을 쓸 수 있습니다.**

제1장
3단계 법칙 좋은 글을 쓰기 위한

제2장 글을 쓰기에 앞서 질문을 만든다

제3장 글쓰기가 쉬워지는 질문 만들기

제4장 답한다 직접 만든 질문에

제5장 글의 완성도를 높이는 문장력 키우기

국어는 '글쓰기 3단계 법칙'을 익히는 과목

 국어 시험에도 3단계 법칙이 사용된다

"이런 건 학교에서도 못 배웠는데!"

책을 여기까지 읽고 이렇게 생각한 사람이 있을지도 모릅니다. 현직 국어 교사인 저로서는 다소 민망하기도 합니다만, 과연 배운 적 없다고 딱 잘라 말할 수 있을까요? 사실 **국어야말로 한결같이 앞에서 말한 3단계 법칙을 가르치는 과목**인데 말입니다. 국어 시험에는 다음과 같은 형식의 문제가 자주 출제됩니다.

○○○란 무슨 의미인가. 아래의 보기 가운데 가장 알맞은 것을 고르시오.

비슷한 형식의 문제가 국어 시험에 단골로 출제됩니다. 그런데 이런 문제는 앞서 설명한 3단계 법칙을 적용해 풀 수 있습니다.

다음은 이 책에서 지금까지 다룬 내용을 적용해 만든 문제입니다.

[문제]

"글쓰기를 어려워하는 사람은 필요한 질문을 떠올리지 못했을 가능성이 크다"라는 말은 정확히 어떤 의미인가? 다음의 네 가지 보기 중에서 가장 적절한 답을 고르시오.

A. 남에게 질문하는 능력이 부족한 사람은 무슨 일이든 잘 풀리지 않는다는 뜻

B. 작문을 못 하는 사람은 문장이 아니라 질문을 떠올리는 것을 어려워한다는 뜻

C. 질문을 생각할 기회가 적은 사람은 문장을 생각할 시간이 모자란다는 뜻

D. 글을 쓰기 힘들어하는 사람은 자기소개도 서툴다는 뜻

제1장

좋은 글을 쓰기 위한 3단계 법칙

제2장

글을 쓰기에 앞서 질문을 만든다

제3장

글쓰기가 쉬워지는 질문 만들기

제4장

직접 만든 질문에 답한다

제5장

글의 완성도를 높이는 문장력 키우기

이 문제를 어떻게 풀어야 할지 생각해 봅시다. 먼저 문제를 읽고 의도를 파악합니다. "그래, 이 문제는 어떻게 해야 글을 잘 쓸 수 있는지 가르치고자 하는구나." 말하자면 '1. 큰 질문'을 이해한 것입니다. 여기서 큰 질문과 동떨어진 선택지는 지웁니다. 선택지 A는 '작문'이나 '글 쓰기'와는 관계없는 이야기를 하고 있으므로 정답이 아닙니다.

다음으로 "글을 잘 쓰려면 어떻게 해야 하는가?"라는 질문이 어떤 형태로 분해되어 있는지 파고듭니다. 22쪽에서 "인터뷰처럼 하나씩 질문을 받으면 비교적 대답하기 쉬운데, 같은 내용을 무작정 글로 쓰려면 어려운 이유는 무엇인가?"에 관해 이미 이야기했습니다. 그러므로 '글을 잘 쓰는 방법'이라는 '큰 질문'이 "인터뷰 형식에 답할 때와 달리 글의 형태로 직접 쓰려면 어렵게 느껴지는 이유는?"이라는 '작은 질문'으로 분해되어 있다는 사실을 알 수 있습니다. 이것이 '2. 큰 질문을 작은 질문으로 분해한다' 단계입니다.

D는 작은 질문의 내용과는 상관없이 자기소개 이야기를 하고 있으니 정답이 아닙니다.

마지막 '3. 작은 질문에 답한다'입니다. 24쪽에서는 "인터뷰처럼 하나씩 질문을 받으면 대답하기 쉬운데, 글로 쓰려면 어려운 이유"에 대해 "글쓰기의 본질은 질문과 대답이므로"라고 답했습니다. 이것이 '작은 질문'의 대답입니다. 따라서 정답은 B입니다.

C는 적절한 답을 명확히 말하고 있지 않으므로 정답이 아닙니다.

 ## 독해 문제는 질문을 분해해 해결

모든 국어 독해 문제는 글쓰기의 3단계 법칙을 묻는 내용으로 구성되어 있습니다. 이를테

면 **"필자가 말하고자 하는 바는 무엇인가?"**라는 질문은 **"이 글의 큰 질문은 무엇인가?"**로서 법칙 1단계에 관련된 문제입니다. **'물음표'로 끝나는 문장에 밑줄을 긋고 "글 안에서 밑줄 친 부분의 답에 해당하는 내용은?"**과 같은 문제가 나왔다면, '작은 질문은 무엇인가?'라는 뜻으로 3단계에 해당합니다. 나아가 **독해 문제에 자주 나오는 '왜 ~인가?'처럼 '왜'를 묻는 문제는 '큰 질문'을 분해해 답을 구하도록 유도합니다.**

　"어째서 글쓰기란 본질적으로 질문에 답하는 행위라고 말할 수 있는가?"라는 질문은 기존에 있던 물음에 다시금 '어째서?'라는 의문을 제기해 하나의 질문을 더 구체적인 내용으로 분해하는 활동입니다. 이에 관해서는 다음 장에서 자세히 설명하겠습니다.

제 2 장

글을
쓰기에 앞서
질문을 만든다

많은 책이 질문으로 시작하는 이유

 ## 왜 질문으로 시작하는가?

지금부터 1단계 '큰 질문 만드는 법'을 구체적으로 설명하겠습니다.

다음 글은 서로 다른 책 두 권에서 머리말 앞부분을 각각 발췌한 것입니다. 두 글에는 공통점이 있습니다. **글이 질문으로 시작된다는 점**입니다. 그리고 두 글 모두 질문의 대답은 '책에 실린 내용 전체'입니다. 양쪽 다 '대중이 궁금해하는 의문'을 질문으로 서두에 제시하고, 그에 대한 답을 글의 형태로 풀어 썼습니다. 비슷한 형식을 취하는 책은 이 밖에도 많습니다.

① "똑똑한 사람들은 어째서 그렇게 머리가 좋을까?"

여러분은 궁금했던 적이 없습니까? 같은 시간을 들여 공부해도 성적이 오르는 사람이 있는가 하면, 별로 오르지 않는 사람도 있습니다. 그 이유는 무엇일까요.

출처: 니시오카 잇세이, 『'사고력'을 키우는 도쿄대 노트』

② 갑작스러운 질문입니다만 여러분은 일상에서 일어나는 여러 가지 일을 마주할 때마다 왜 그럴까 궁금해하는 편인가요? 평소 역에서 집으로 돌아오는 길에 이런 의문을 몇 번이나 떠올립니까? 궁금증이 생기면 어째서일지 이유를 생각하고 답을 고민하는 습관이 있습니까?

저는 벌써 20년 가까이 입시 학원 강사로 일하며 도쿄대 수험생을 가르치고 있습니다.

제1장
좋은 글을 쓰기 위한 3단계 법칙

제2장
글을 쓰기에 앞서 질문을 만든다

제3장
질문 만들기 글쓰기가 쉬워지는

제4장
직접 만든 질문에 답한다

제5장
글의 완성도를 높이는 문장력 키우기

지리 강사로서 몇백 명이나 도쿄대에 보냈다는 자부심도 있습니다. 그러는 동안 마음속에는 항상 '도쿄대 합격자에게는 어떤 공통점이 있는가?'라는 의문을 품고 있었습니다. 공통점 중 하나는 '가까운 것부터 궁금해하는 습관'입니다.

출처: 우노 다케루, 『만화 '꼴찌, 도쿄대 가다'식 퀴즈로 배우는 도쿄대의 사고력』

글의 첫 줄을 꼭 질문으로 시작하지 않더라도 머리말 전체가 '큰 질문' 형식으로, 본문을 계속 읽다 보면 답이 보이기 시작하는 책도 있습니다. 시험 삼아 여러분이 최근에 읽은 책을 책장에서 꺼내 머리말을 다시 한 번 읽어 보세요. 머리말 어딘가에 질문이 존재한다는 사실을 알 수 있습니다. 책과 마찬가지로 신문, 잡지, 인터넷 기사에서도 머리기사가 질문인 경우가 많습니다.

질문으로 시작하는 글이 이렇게 많은 이유는 무엇일까요? 당연하지만 우연은 아닙니다. 이유가 있어서 그렇게 쓰는 것입니다.

이렇게 하면 **글쓰기가 압도적으로 수월해지기 때문**입니다. 게다가 독자 입장에서도 훨씬 **읽기 쉬운 글**이 됩니다.

 ## 질문을 넣으면 읽기 좋은 글로 바뀐다

다음 글을 읽어 보십시오.

예전에는 학교라는 공동체에 가지 않으면 유행하는 만화나 음악 같은 문화를 공유할 수 없었다. 학교에 가지 않는 것은 사회에서 완전히 떨어져 나오는 것만큼 두려운 행위였다. 그러나 요즘 아이들에게 학교라는 이름의 공동체는 그리 필요치 않다. SNS가 발달한 덕분에 온라인에서 문화 정보를 편리하게 받아들일 수 있고 친구 찾기도 어렵지 않다. 그러니 학교에 가지 않는다고 해서 공포를 느낄 이유도 없다.

얼핏 보아서는 별문제 없는 글처럼 보입니다. 한 줄씩 읽어 보아도 그다지 어려운 내용은 없습니다. 하지만 이 글을 조금 읽기 어려웠던 사람도 있을 것입니다. 문장 하나하나는 문제없지만 글 전체를 바라볼 때 주제가 또렷하지 않고 글쓴이의 주장을 한눈에 알아보기도 쉽지 않습니다. 왜냐하면 이 글에는 질문이 없기 때문입니다.

같은 내용에 질문을 넣어 다시 쓴 글은 어떨까요?

청소년들이 학교에 가지 않는 이유는 무엇인가? 요즘 학생 중에는 등교 거부를 포함해 학교라는 공간에 직접 발걸음하지 않는다는 선택지를 고르는 사람이 많다. 온라인 교육을 받는 학생 수는 점점 늘고 있지만 일반고 지원자는 줄어들고 있다고 한다. 그 이유는 대체 무엇일까? 나는 문화를 공유하는 장소가 바뀌었기 때문이라고 생각한다. 예전에는 학교라는 공동체에 가지 않으면 유행하는 만화나 음악 같은 문화를 공유할 수 없었다. 학교에 가지 않는 것은 사회에서 완전히 떨어져 나오는 것만큼이나 두려운 행위였다. 그러나 요즘 아이들에게 학교라는 이름의 공동체는 그리 필요치 않다. SNS가 발달한 덕분에 온라인에서 문화 정보를 편리하게 받아들일 수 있고 친구 찾기도 어렵지 않다. 그러니 학교에 가지 않는다고 해서 공포를 느낄 이유도 없다.

이 글은 "왜 ○○인가?"라는 질문에서 출발합니다. 그리고 질문에 답하는 형태로 글이 이어집니다. 이렇게 쓰면 앞서 제시한 글과 달리 '어떤 질문에 답하고자 하는 글인가'를 훨씬 선명하게 알 수 있어 읽기도 한결 쉬워진다는 점을 느꼈습니까?

질문은 독자에게 '저자가 지금부터 하려는 이야기의 방향성'을 뚜렷하게 보여 주는 역할을 합니다.

글쓰기는 새하얀 도화지에 그림을 그리는 활동이 아니라, 나무에 조금씩 조각을 새겨 넣는 작업에 가깝습니다. 흰 종이에 물감으로 그림을 그릴 때는 텅 빈 자리에 무언가를 새로 채워 나가야 합니다. 하지만 글을 쓸 때는 필요한 내용과 소재가 이미 머릿속에 있습니다. 재미있는 이야기를 쓰는 사람이라면 자신의 체험을 바탕으로 줄거리를 쓸 것이고, 성공 비결을 쓸 사람은 자신이 터득한 요령이나 발전 방법을 기본으로 쓸모 있는 내용을 이야기할 것입니다.

글쓰기는 아무것도 없는 허허벌판에서 시작한다기보다 바탕이 되는 목재가 있고 그 목재를 어떻게 조각할지가 중요한 활동입니다. 질문을 만든다는 것은 바로 그 목재를 '조각'하는 행위입니다. 그대로 두면 평범한 나무 조각에 불과한 목재를 조각해 형태를 잡는 작업입니다.

모든 글은 질문으로 이루어져 있다

 글의 일곱 가지 형식

제가 이전에 '읽기'를 주제로 쓴 책『한 번 읽으면 절대 잊을 수 없는 국어 교과서』에 '모든 글은 일곱 가지 형식 중 하나에 속한다'라는 말이 나옵니다.

　모든 글은 오른쪽 그림에 있는 ① 동격형, ② 질문형, ③ 대비형, ④ 변화형, ⑤ 격차형, ⑥ 갈등형, ⑦ 설화형 가운데 한 가지 형식을 취합니다. 이 일곱 가지 형식의 이름을 보고 '그러면 지금까지 책에서 설명한 글은 전부 2번 질문형인가?'라고 생각할지도 모르지만, 그것과는 조금 다릅니다. 질문형을 제외한 나머지 여섯 가지 형식에서도 글의 근본에는 반드시 질문이 나타납니다. 하나씩 순서대로 살펴보겠습니다.

 동격형 글 속의 질문

먼저 다음의 동격형 글을 읽어 보십시오.

젊은 사람은 성격에 모난 데가 있어도 괜찮습니다. 젊어서부터 충돌을 두려워해서야 인생에 재미난 일이라고는 일어날 리가 없습니다. 특히 10대나 20대에는 무작정 날을 세워도 좋습니다. 굳이 달라지려고 애쓰지 않아도 서른이 넘으면 자연히 모난 곳이 깎여 나가며 둥글어질 것입니다. 그러니 젊은 시절에는 조금쯤 모나게 굴어도 괜찮답니다.

그림 2-1	글의 일곱 가지 형식
① 동격형	가장 먼저 글쓴이의 주장이 펼쳐진다. 다음으로 그렇게 주장하는 이유나 자세한 설명이 이어지고, 마지막에 다시 한 번 주장이 되풀이된다.
② 질문형	먼저 '질문'을 던지고 글 속에서 질문에 대한 '대답'을 내놓는다.
③ 대비형	대립하는 개념이나 선택지를 초반에 두 가지 이상 소개한 뒤, 의견끼리 서로 충돌시킨다. 마지막에 어떤 의견이 더 좋은지 글쓴이의 주장을 명확히 밝힌다.
④ 변화형	어떤 현상의 변화에 관해 쓴 글이다. '변화 전'과 '변화 이유', '변화 후'라는 세 가지 요소로 변화의 내용을 정리한다.
⑤ 격차형	변화형에서 파생되었다. 변화형 중에서도 변화 전후에 드러나는 큰 폭의 격차를 강조하는 글이다.
⑥ 갈등형	대비형에서 파생되었다. 서로 반대되는 두 가지 의견 사이에서 고민하는 모습을 묘사한다. 갈등은 곧 독자에게 던지는 질문이며, 결론이 나오지 않는 경우가 많다.
⑦ 설화형	어울리는 일화를 가져와 독자에게 교훈을 주는 글이다. 교훈을 어떻게 해석할지는 독자에게 달렸다.

동격형 글에서는 가장 먼저 글쓴이의 주장이 드러납니다. 이어서 주장을 뒷받침하는 이유나 자세한 설명이 이어지고, 마지막으로 다시 한 번 주장이 되풀이됩니다. 이 글에서 글쓴이의 주장은 '젊은이는 성격에 모난 데가 있어도 좋다'입니다.

여기서 '젊은이는 성격에 모난 데가 있어도 좋다'라는 주장은 "젊은이라면 성격이 모난 편이 좋을까?"라는 질문으로 바꿀 수 있습니다.

 ## 대비형 글 속의 질문

이어서 대비형 글을 살펴보겠습니다.

외국 사람들은 강아지와 고양이 중에서 어떤 동물을 더 좋아할까요? 일본에는 강아지보다 고양이를 키우는 사람이 많다고 합니다. 강아지는 산책을 시켜야 하고, 만약 대형견이라면 물건을 망가뜨릴 위험도 커집니다. 하지만 고양이는 몸집이 작고 비교적 손이 덜 가는 편입니다. 그래서 고양이가 조금 더 인기를 끌고 있습니다.

대비형 글에서는 대립하는 개념 또는 선택지를 두 가지 이상 소개한 뒤 그 의견끼리 충돌시킵니다. 그리고 마지막에는 어느 쪽이 좋은지, 글쓴이의 주장을 명확하게 드러냅니다.

이 글은 '강아지'와 '고양이'를 대립시켜 "어떤 동물이 더 좋은가?"라는 질문에 답하는 구조로 쓰였습니다.

 ## 변화형 글 속의 질문

다음으로는 변화형 글을 읽어 봅시다.

제1장
3
단계
법칙
좋은
글을
쓰기
위한

제2장
질문을
만든다
글을
쓰기에
앞서

제3장
질문
만들기
글쓰기가
쉬워지는

제4장
답한다
직접
만든
질문에

제5장
문장력
키우기
글의
완성도를
높이는

일본 게임기 회사 닌텐도의 게임은 진화하고 있습니다. 과거에는 화면을 직접 눌러 기계를 조작한다는 것을 상상조차 할 수 없었지만 닌텐도는 터치 조작 게임기 '닌텐도 DS'를 개발했습니다. 또 옛날 게임에는 2D 그래픽만 쓰였는데, 닌텐도는 3D 그래픽을 사용한 '닌텐도 3DS'를 개발했습니다. 그 밖에도 기존에는 텔레비전에 연결하는 게임기와 휴대용 게임기가 각각 별개로 취급되었지만 닌텐도에서는 어떤 식으로든 사용이 가능한 '닌텐도 스위치'를 개발했습니다. 이러한 진화는 "터치로 조작할 수 있으면 재미있을 텐데…", "3D 그래픽이라면 훨씬 실감 날 텐데…", "집에서든 밖에서든 게임을 계속하고 싶은데…"라는 아이들의 바람을 담은 결과입니다. 닌텐도 게임은 불가능을 가능으로 차례차례 바꿔 나가며 진화를 거듭하고 있습니다.

변화형은 현상의 변화를 서술한 글입니다. 변화를 '변화 전', '변화 이유', '변화 후'라는 세 가지 요소로 설명합니다. 변화형 글은 '어떻게 변화했는가?'라는 질문에 답하는 글이라고 해석하면 되겠습니다.

 격차형, 갈등형, 설화형 글 속의 질문

격차형은 변화형에서 파생된 형식입니다. 변화형 안에서도 변화 전후의 격차를 강조한 글을 말합니다. 변화형보다 변화 폭이 한층 큰 글이므로 "어떤 이유로 이렇게 큰 변화가 일어났는가?"라는 질문을 발견할 수 있습니다. 갈등형 및 설화형도 마찬가지입니다. 각각 "무엇이 더 좋은가?"와 "이 글에서 어떤 교훈을 얻을 수 있는가?"라는 질문을 던지되 확실한 답을 말하기보다는 독자가 스스로 생각해 보게 합니다.

이렇게 해서 질문형을 포함해 어떤 형식이든 글의 바탕에는 틀림없이 질문이 있다는 사실을 확인했습니다. 글의 주제를 담은 '큰 질문'에 대답하기 위해 일곱 가지 형식이 존재하는 것입니다.

글을 쓰는 목적을 분명히 한다

 ## '큰 질문'에 필요한 요소

지금까지 설명한 바와 같이 '큰 질문'이란 그 글을 쓰는 목적에 해당하는 질문입니다. 다시 말해 글을 쓰는 이유를 분명한 언어로 표현할 수 있다면 그것이 곧 '큰 질문'이 됩니다.

한 가지 예시로 저는 매일 학교에서 학생을 상대로 약 1,000자 길이의 글을 씁니다. 내용은 '다음 시험을 앞둔 마음가짐'이나 '학교생활에서 중요하게 여길 것'처럼 다양한데, 한 가지 공통점이 있습니다. 바로 학생에게 전하고픈 말을 담았다는 점입니다.

아이들이 이번 시험에 열심히 임한 것을 칭찬하자. 또는 입시를 앞두고 긴장될 때 마음을 가라앉힐 수 있는 방법을 알려 주자. 이처럼 저는 어떤 글이든 학생들에게 전할 말을 담아 씁니다. 먼저 학생에게 할 말을 떠올리고 '어떤 내용으로 써야 내 말이 분명하게 전해질까?'라고 생각한 끝에 글을 쓰는 것입니다. 즉 **'무엇을 써야 할지 모르는 상태'란 '글을 쓰는 목적이 분명하지 않은 상태'**와 같은 뜻입니다. 먼저 글쓰기의 목적을 분명히 정하는 것이 '무엇을 쓸지 모르는 상태'에서 벗어나는 첫걸음이라 할 수 있습니다.

 ## 글을 쓰는 목적이 무엇인가?

글쓰기의 목적, 즉 글의 주제를 정할 때 생각해야 할 점이 하나 있습니다. 자신이 글을 통해 전하려는 주제가 과연 '사람들이 궁금해하는 내용'인지 '궁금해하지 않는 내용'인지를 알아야 한다는 것입니다. 구체적으로 설명하겠습니다.

먼저 **'사람들이 궁금해하는 내용일 경우'**입니다. 다른 사람들이 알고 싶어 하는 내용은 그 자체로 '큰 질문'이 될 수 있습니다. 이를테면 "긴장될 때 마음을 다스리는 방법은?", "똑똑한 사람은 어떻게 공부할까?", "야구 천재는 어떤 방식으로 훈련할까?", "10년 연속 흑자를 기록한 회사 CEO의 경영 비결은?"과 같은 질문이 있습니다. 기본적으로 거의 모든 글이 여기에 속합니다.

어려운 것은 다음과 같이 **'사람들이 궁금해하지 않는 내용을 전달하려는 경우'**입니다. 상대방이 딱히 궁금해하지 않더라도 알려야만 하는 내용이라고 볼 수 있겠습니다.

'사람들이 잘못 알고 있는 사실을 정정하는 경우'라고 해도 좋습니다. 예를 들어 긴장 푸는 법을 설명하려고 하는데 듣는 사람이 "나는 별로 긴장하지 않는 편이라 상관없어"라거나 "마음을 다스리는 나만의 방법이 이미 많으니 괜찮아"라고 대응하는 상황을 상상해 봅시다. 지금 당장은 긴장하지 않는 편이라 괜찮다는 사람도 언젠가는 그런 상황에 맞닥뜨릴지 모르고, 긴장 푸는 법을 다양하게 안다고 해도 혹시 그 방법이 잘못되었을지 모릅니다. 단순히 '모든 사람이 궁금해하는 내용을 알린다'라는 전제로만 쓴 글은 궁금해하지 않는 사람의 생각을 크게 바꾸거나 착각을 고쳐 주지 못합니다.

 잘못 알려진 사실을 정정하는 질문의 예

'사람들이 궁금해하지 않는 내용을 전달하려는 경우', 즉 여러 사람이 잘못 알고 있는 사실을 정정하려는 경우에는 그림 2-3과 같이 **많은 사람이 답을 틀릴 법한 질문**'이나 **'사람들의 착각을 정정할 수 있는 질문'**을 만들어야 합니다. 요점은 **읽는 사람의 감정을 움직이는 것**입니다. '사람들이 궁금해하는 내용'을 쓴다면 독자는 글을 처음부터 잘 읽을 준비가 되어 있습니다. 그러나 '궁금해하지 않는 내용'을 쓴다면 독자는 애초에 그 글을 읽을 의욕이 없습니다. 따라서 독자의 감정을 흔드는 질문을 만들어 흥미를 이끌어 내야 합니다.

제1장
3단계 법칙
좋은 글을 쓰기 위한

제2장
질문을 만든다
글을 쓰기에 앞서

제3장
질문 만들기
글쓰기가 쉬워지는

제4장
답한다
직접 만든 질문에

제5장
문장력 키우기
글의 완성도를 높이는

그림 2-2 　글을 쓰는 목적에 따라 '큰 질문'을 정한다

'사람들이 궁금해하는 내용'으로
글을 쓰는 경우

'사람들이 궁금해하는 내용'이라면
그 자체로도 '큰 질문'이 된다.

질문 예시

• 긴장될 때 마음을 다스리는 방법은?

• 똑똑한 사람은 어떻게 공부할까?

• 야구 천재는 어떤 방식으로 훈련할까?

• 10년 연속 흑자를 기록한 회사 CEO의
　경영 비결은?

거의 모든 글이 여기에 속한다!

'사람들이 궁금해하지 않는 내용'으로
글을 쓰는 경우

'사람들이 궁금해하지 않는 내용'을 전달한다	=	'사람들이 잘못 알고 있는 사실'을 정정한다

'큰 질문'을 만들기 위해 '연구'가 필요하다!

| 그림 2-3 | 사람들이 궁금해하지 않는 내용을 전달하는 경우의 질문 만들기 |

‘사람들이
궁금해하지 않는 내용’을 = 잘못 알고 있는 사실’을
알린다   정정한다
                                        '사람들이

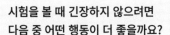

1. 많은 사람이 답을 틀릴 법한 질문 예시

시험을 볼 때 긴장하지 않으려면
다음 중 어떤 행동이 더 좋을까요?

A. 시험 전날에는 일찍 잠자리에 든다
B. 전날까지 열심히 공부해야 한다

A를 고른 분이 많겠지만, 사실은 B가 정답입니다. 왜냐하면…

2. 사람들의 착각을 정정하는 질문 예시

여러분 중에 ‘나는 쉽게 긴장하지 않는 성격이야’라고 생각하
는 분이 있습니까? 사실은 긴장하지 않는다고 자신하는 사람
일수록 중요한 순간에 결정적 실수를 저지르기 쉽습니다! 왜
냐하면…

'큰 질문'을 '첫 문장'으로 쓴다

 글을 시작하는 방법에는 두 가지가 있다

'큰 질문'의 윤곽이 잡혔으면 '글의 첫 문장'으로 바꾸어 줍니다.

글의 도입부를 쓰는 방법에는 오른쪽 그림처럼 **논문형**과 **강의형**이라는 두 종류의 형식이 있습니다. 아래의 두 문장을 보십시오.

A. 일본 애니메이션이 세계적으로 유명한 이유는 무엇일까? 이 글에서는 그 이유를 두 가지 시점에서 살펴보고자 한다. 첫째는 작품성, 둘째는 문화라는 관점에서 접근한다.

B. 일본 애니메이션이 세계적으로 유명한 이유는 전통문화를 깊이 있게 다루는 작품성 덕분이라고 본다. 아래에서 자세히 설명하겠다.

앞의 두 글은 모두 "일본 애니메이션은 왜 세계적으로 유명한가?"라며 '사람들이 궁금해하는 질문'에 답하는 형태입니다. 그러나 글을 쓰는 방식에는 차이가 있습니다.

글 A는 "일본 애니메이션이 유명한 이유는 무엇일까?"라는 질문에서 출발합니다. 반면 글 B는 "일본 애니메이션이 유명한 이유는 전통문화를 깊이 있게 다루는 작품성 덕분이다"라고 질문의 답부터 내세우고 있습니다.

A는 '질문을 먼저 던지고 대답이 글의 몸통을 이루는 형식'인 논문형, B는 '질문과 답이 모두 있는 상태에서 그러한 답이 나온 이유를 써 내려가는 형식'인 강의형 글이기 때문입니다.

제1장
좋은 글을 쓰기 위한
3단계 법칙

제2장
질문을 만든다
글을 쓰기에 앞서

제3장
질문 만들기
글쓰기가 쉬워지는

제4장
답한다
직접 만든 질문에

제5장
문장력 키우기
글의 완성도를 높이는

그림 2-4   도입부 쓰는 법

도입부 형식 ①

논문형

먼저 '큰 질문'을 제시하고 이 질문을 다양한 각도에서 검증해 최종적으로 답을 도출하는 글이다. 저자가 결론을 모른 채로 쓰고 있을 가능성도 있다.

도입부 형식 ②

강의형

가장 먼저 결론(해답)을 제시한 뒤 이 결론이 옳은 이유를 설명한다. 저자는 결론을 이미 내려 두었으며, 그 근거가 되는 이유에 초점을 맞춘다.

모든 글은 '논문형'이나 '강의형' 가운데 한 가지 형식을 취합니다.

 어느 쪽에도 속하지 않는 경우

얼핏 보아서는 어느 쪽인지 알아보기 어려운 글도 있습니다. 이런 글은 대개 표현 방식을 조금 바꿔 써서 헷갈리는 경우가 많습니다. 다음 글을 읽어 봅시다.

얼마 전 친구가 이런 이야기를 했다.

"일본 애니메이션은 왜 그렇게 재미있을까?"

그 말을 듣고 생각해 보니 과연 일본 애니메이션은 전 세계에 널리 알려진 작품이 많았다. 일본 애니메이션은 어째서 세계적으로 유명한 것일까? 이 점에 관해 고찰해 보도록 하자.

아까와 마찬가지로 "일본 애니메이션 작품이 세계적으로 유명한 이유는 무엇일까?"라는 질문에 답하는 글이지만, 도입부에 친구와 있었던 소박한 일화가 들어갔습니다. **친숙한 분위기의 일화로 시작하면 독자가 친근감을 느끼는 효과가 있기 때문**입니다.

만약 주제가 일상과 동떨어져 있거나 지나치게 추상적이라면 이 방법이 자주 사용됩니다.

'큰 질문'에는 꼭 답하지 않아도 된다

제1장
3단계 법칙
좋은 글을 쓰기 위한

제2장
질문을 만든다
글을 쓰기에 앞서

제3장
질문 만들기
글쓰기가 쉬워지는

제4장
답한다
직접 만든 질문에

제5장
문장력 키우기
글의 완성도를 높이는

 답을 몰라도 글을 쓸 수 있다

'큰 질문'을 배우면서 꼭 짚고 넘어갈 부분이 있습니다. **'큰 질문에는 반드시 답하지 않아도 괜찮다'**라는 사실입니다.

논문형에서는 도입부에 질문을 쓰고 그 질문의 대답이나 관련된 내용으로 글을 채워 나갑니다. 그런데 확실한 답을 모른다고 해서 글 자체를 쓸 수 없는 것은 아닙니다. 답을 모르는 상태로 그냥 쓰면 됩니다. 사실 '글쓴이 자신도 답을 모르면서 쓰기 시작한 글'은 드물지 않습니다. 앞서 읽었던 글을 다시 한 번 살펴보겠습니다.

일본 애니메이션이 세계적으로 유명한 이유는 무엇일까? 이 글에서는 그 이유를 두 가지 시점에서 살펴보고자 한다. 첫째는 작품성, 둘째는 문화라는 관점에서 접근한다.

이 글을 쓸 때 글쓴이의 머릿속에 완벽한 대답이 없어도 괜찮습니다. 글쓰기란 곧 답을 고민하는 행위이기 때문입니다. 글을 쓰면서 깊이 생각한 끝에 답을 깨닫기도 합니다. 갓 질문을 던진 단계에서는 명확한 대답이 떠오르지 않더라도 괜찮습니다.

아니면 이런 글도 있습니다.

우리는 어떻게 살아가야 할까요? 이처럼 정답이 없으며 깊이 있는 의문에 다가가기 위해

철학 공부는 강력한 무기가 될 수 있습니다. 예컨대….

"우리는 어떻게 살아가야 하는가?", "나라는 존재는 무엇인가?", "후회 없는 삶을 살기 위해 무엇을 해야 하는가?"와 같은 철학적 질문에는 모두가 동의하는 절대적 대답이 존재하지 않습니다. 그 밖에도 "돈과 사랑 중 무엇이 더 소중한가?", "미성년자에게 선거권을 주어도 좋은가?"처럼 결론이 나지 않는 질문은 얼마든지 있습니다. 하지만 대답하기 어렵거나 정답이 아예 없는 주제라 해도 글로 쓰는 행위는 중요합니다.

글쓰기를 어려워하는 사람 중에는 틀린 의견은 절대 꺼내서는 안 되며 완벽하게 바른 답만 써야 한다고 착각하는 사람이 많습니다. 그러나 **글쓰기의 목적은 질문에 대답하는 데 있지 않습니다.** '질문하는 것' 자체에 의의가 있습니다. 쓰면서 차츰 답을 깨달아도 좋지만 끝까지 답을 모르겠다면 모르는 대로 의미가 있다고 결론짓는 글을 쓰면 됩니다.

 ## 질문을 주제로 삼는다

나아가 **질문 자체를 글의 주제로 삼아도 좋습니다.** 다음 글을 보십시오.

현대 사회에서는 일가족의 연 수입이 약 3,000만 원 미만인 가정에서 거주하는 어린이 세 명 중 한 명이 "한 해 동안 이렇다 할 추억이 없었다"라고 말합니다. 이는 요즘 어린이들 사이에 체험 격차가 발생하고 있다는 방증입니다. 어떤 이유로 체험 격차가 발생할까요? 이 문제는 어떤 결과를 불러올까요? 이러한 의문은 앞으로의 아동 교육에 관한 고민과도 이어집니다.

"어떤 이유로 체험 격차가 발생하는가? 이 문제는 어떤 결과를 불러올까?"라는 질문에 다양한 이유를 생각해 볼 수 있습니다. 질문에 대해 완벽한 해답을 구하기는 어렵고, 억지로 답을 가져다 붙인들 그다지 큰 의미는 없을 것입니다.

글에는 '이러한 의문은 앞으로의 아동 교육에 관한 고민과도 이어집니다'라고도 쓰여 있습니다. 그 말대로 이 글에서는 질문을 떠올리고, 답을 구하기 위해 문제에 접근하는 행위 자체가 글쓰기의 의의입니다.

글의 목적에 따라 어울리는 형식을 사용한다

마지막으로 글쓰기 요령을 한 가지 소개하겠습니다.

- 사람들이 궁금해하는 내용을 쓰고 싶다 → **논문형**으로 쓴다
- 사람들이 잘못 알고 있는 내용을 정정하겠다 → **강의형**으로 쓴다

많은 사람이 궁금해하는 내용을 다루기로 마음은 먹었지만 아직 '분명한 대답'이 보이지 않을 때가 있습니다. 이런 경우 논문형을 선택하면 글쓰기가 수월해집니다. 반대로 사람들이 잘못 알고 있는 내용을 고쳐 주고 싶을 때는 결론이 이미 존재하니만큼 강의형을 선택해 그러한 결론에 다다른 이유를 설명하는 편이 어울립니다.

이 요령을 익혀 두면 글쓰기가 전보다 훨씬 재미있어질 것입니다.

제1장
3단계 법칙
좋은 글을 쓰기 위한

제2장
질문을 만든다
글을 쓰기에 앞서

제3장
질문 만들기
글쓰기가 쉬워지는

제4장
답한다
직접 만든 질문에

제5장
문장력 키우기
글의 완성도를 높이는

그림 2-5 | 논문형 글은 답을 모르는 채로 써도 된다

답이 나올 때까지 안 쓴다

답을 모르니까 쓸 수가 없어…

글쓰기를 어려워하는 사람 중에는 '틀린 의견을 써서는 안 된다'거나 '완벽하게 바른 답만을 써야 한다'라고 믿는 사람이 많다. 그러나 논문형 글의 목적은 질문의 대답을 얻는 것이 아니어도 상관없다. 글이 끝날 때까지 답을 알 수 없더라도 묻는 행위 자체에 의의가 있다고 생각하자.

답을 몰라도 쓰기 시작한다

답은 잘 모르겠지만 일단 쓰면서 생각하자!

논문형 글은 도입부에 질문을 쓰고 그 질문의 대답이나 관련된 내용으로 글을 채워 나간다. 그래서 답을 모르는 상태로 글을 써도 괜찮다. 게다가 대답하기 까다로운 질문이라면 이 질문 자체를 글의 주제로 삼아도 문제없다.

제 3 장

글쓰기가
쉬워지는
질문 만들기

질문이 구체적일수록 쓰기 쉽다

 ### '큰 질문'에 곧장 답하기는 어렵다

3단계 법칙 중 1단계에서 '큰 질문'을 만들었으니 2단계로 넘어가 '작은 질문으로 분해하기'를 시작하겠습니다.

'분해'는 '구체적인 형태로 만든다'라는 뜻입니다. 질문이 구체적이면 구체적일수록 그에 비례해 대답하기도 간단해집니다. '글의 주제를 정했는데도 글이 써지지 않는 상황'은 큰 질문이 커다란 형태 그대로 있으며 '분해'되지 않은 상태를 말합니다.

예를 들어 '한식에 관한 글을 쓰겠다'라고 합시다. 우선 한식에 관한 글을 쓰는 목적이 '사람들이 궁금해하는 내용을 전달한다'인지 '사람들이 잘못 알고 있는 사실을 정정한다'인지를 결정합니다.

'최근 해외에서 한식이 인기 있는 이유를 궁금해하는 사람이 많다'라는 부분에 주목했다면 '많은 사람이 궁금해하는 공통적 질문'을 떠올려 봅니다. "한식은 어떤 점에서 매력 있는가?", "한식은 어떻게 해외에 널리 알려졌는가?"라는 질문이라면 여러 사람이 궁금해하는 내용으로 적절합니다.

다음으로는 질문을 도입부의 문장으로 바꾸어 씁니다. 이미 이야기한 대로 '사람들이 궁금해하는 내용'을 담은 글이라면 '논문형'으로 쓰는 편이 어울리므로, "한식은 왜 해외에서 인기일까요? 이 질문에 관해 생각해 봅시다"라고 운을 띄우면 글의 훌륭한 도입부가 됩니다. 그리고 글의 앞부분에서 던진 질문에 대한 답을 씁니다. 이 글이라면 "한식은 왜 해외에서 인기일까요?"라는 질문에 답한 내용이 고스란히 글의 본문을 이룰 것입니다. 떠오르는 이유를 이것저것 적은 뒤 "이러한 이유로 한식이 해외에서 인기를 얻은 것입니다"라는 문장으로 마무리를 짓는다면 한 편의 글이 성립합니다.

하지만 이대로 실전에 적용하기에는 아직도 어려운 점이 많습니다. 왜냐하면 "한식은 왜 해외에서 인기일까요?"라는 질문이 너무 큰 덩어리인 까닭입니다. 크다는 것은 정확히 말해 '추상적'이라는 뜻입니다. '큰 질문'은 '광범위하고 추상적이며 모호한 질문'이므로 대단히 답하기 어렵습니다.

이를테면 친구가 "아무리 공부해도 영어 실력이 늘지 않는데 어떡하면 좋을까?" 하고 고민을 털어놓았다 칩시다. 여러분은 이런 물음에 곧바로 답할 수 있겠습니까? 아마도 말문이 막히지 않을까요? 당장 친구가 고민하는 부분이 영어 말하기인지, 듣기인지, 읽기인지에 따라서 조언할 내용이 달라집니다. 그 가운데 말하기라고 해도 영어 문법에 약해서인지, 어휘력이 부족해서인지에 따라 조언의 방향도 갈릴 것입니다.

 ## 질문이 구체적일수록 답하기 쉽다

독서감상문을 쓰던 기억을 떠올려 봅시다. 책은 참 재미있었고 그 마음을 종이에 옮기면 된다는 것도 아는데, 좀처럼 글답게 정리해 쓸 수 없었던 경험이 한 번쯤 있지 않습니까? 이것 역시 '큰 질문'이 분해되지 않아서 일어나는 현상입니다.

"이 책에서는 무엇이 재미있었는가?"라는 '큰 질문'을 "어떤 장면이 재미있었는가? 흥미로웠던 장면을 세 가지 고르시오"처럼 '작은 질문'으로 분해하면 "주인공이 결의를 다지는 장면, 자신의 과거를 적에게 이야기하는 장면, 그리고 마지막 장면이 재미있었다"라고 대답할 수 있게 됩니다.

여기에서 다시 "주인공이 결의하는 장면에서는 특히 어떤 점이 좋았는가?"라고 거듭 질문하면 "울보였던 주인공이 믿음직한 청년으로 성장한 모습이 감동적이었고…" 하는 식으로 글을 이어 갈 수 있습니다. 그리고 또다시 "주인공이 청년으로 성장한 모습에 그토록 감동한 이유는? 혹시 자기 자신을 이입해 읽은 부분이 있었는가?"와 같이 질문을 거듭하면 할수록 글도 쭉쭉 진행됩니다.

제1장
3단계 법칙
좋은 글을 쓰기 위한

제2장
질문을 만든다
글을 쓰기에 앞서

제3장
질문 만들기
글쓰기가 쉬워지는

제4장
답한다
직접 만드는 질문에

제5장
문장력 키우기
글의 완성도를 높이는

글쓰기 기술은 '질문 만드는 기술'

 ## 자기 자신에게 질문한다

누구든지 손쉽게 '큰 질문'을 분해해 글쓰기 좋은 '작은 질문'으로 만드는 방법이 있습니다. 바로 **'자문자답'**입니다. 말 그대로 **스스로 묻고 답하며 질문을 거듭 쌓는 것**입니다.

조금 다른 이야기입니다만 '국어 시험'이라고 하면 어떤 느낌이 떠오릅니까? 제1장에서도 잠시 다루었듯이 국어 시험에는 긴 지문이 나온 뒤 "이 글을 읽고 질문에 답하시오"라고 요구하는 문제가 수두룩합니다. 서술형 문제도 있고 선택지를 고르는 문제도 있습니다. 그중에서도 자주 보이는 것이 "이때 주인공의 심경이 어떤지 답하시오"라는 문제입니다. 혹은 "필자의 주장은 무엇인지 답하시오"라는 형식도 빈번히 출제됩니다.

책을 읽고 있는 여러분 가운데는 '주인공의 심경이니 필자의 주장이니 알 게 뭐람?'이라고 투덜대었던 사람도 있을지 모릅니다. 사실은 이런 질문 안에 국어 교육의 핵심이 숨어 있습니다. **'국어의 힘'**은 **'질문하는 힘'**이라는 사실입니다.

 ## '관심을 갖다'라는 것은 '질문을 갖다'라는 것

학창 시절에 여러분은 어떠한 태도로 수업을 들었습니까? 대개는 선생님이 설명하는 내용을 공책에 받아 적거나 네, 하고 대답하며 들었을 것입니다. 설명하는 동안 필기는커녕 고개도 끄덕이지 않고 그저 듣고만 있는 학생을 보면, 아무래도 저 아이는 수업을 듣기는커녕 머릿속에서 다른 생각이나 하는 것 같다는 의심이 갑니다. 적어도 제 수업에 그런 학생이 있다면 지적해야겠지요.

상대방이 하는 말을 똑똑히 이해하려는 사람이라면 '관심을 가지고' 이야기를 듣습니다. '관심을 가지고 이야기를 듣는다'라는 말을 달리 표현하면 '상대방의 이야기에 의문을 가지며 듣는다'라는 것입니다. 반대로 '상대방의 이야기에 관심 없는 상태'는 '의문도 갖지 않은 상태'가 되겠습니다. 듣는 이의 마음에 질문이 없으므로 상대방의 이야기에도 흥미를 느끼지 못하고 무슨 말이든 무심히 흘려듣는 상태입니다.

"세상에, 그런 일이!"라는 발견은 자신 안에 질문이 있어야만 비로소 성립합니다. 질문을 품고 있었으므로 대답을 들었을 때 진심으로 '그랬구나!'라고 받아들이는 것입니다.

국어 수업과 국어 시험은 이러한 질문의 기술을 익히는 시간이기도 합니다. 시험에 "본문에 드러난 이 인물의 심경은?"이라는 문제가 나오는 이유는, 타인의 기분을 생각하는 연습을 통해 앞으로 글을 읽거나, 다른 사람의 이야기를 듣거나, 살다가 이런저런 일을 마주쳤을 때 '왜 그런가?'와 '어째서인가?'라고 묻는 습관을 기르기 위해서입니다.

글에서 어느 문장에 밑줄을 긋고 "이에 관해 필자의 의견은 어떠한가?"라고 묻는 문제도 글을 되는대로 무심히 읽기보다는 평소부터 '필자는 무슨 생각으로 이렇게 썼을까?' 하는 의문을 떠올리며 읽는 습관을 들이기 위해서입니다.

 ## 제삼자도 공감하는 질문을 만든다

말하거나 글을 쓸 때는 자신 혼자 옳다고 우기는 내용이 아니라 상대방도 공감할 만한 '새로운 질문'을 만들어야 합니다. 사람은 흥미 없는 화제에 굳이 귀를 기울이지 않으며, 질문이 무엇인지도 명확하지 않은 글은 거들떠보지도 않습니다.

혼자만 만족하는 글에 그치지 않도록 '상대방도 공감할 만한 질문'을 만드는 최대의 비결은 질문을 객관적으로 살펴보는 것입니다. 그리고 객관적 시각에서 자신의 질문을 검토하기에 가장 좋은 방법이 '자문자답'입니다. 자신의 질문에 다시 한 번 '정말 그런가?'라고 물으면 공감을 불러일으키는 질문을 쉽게 만들 수 있습니다.

"동아시아 사람은 왜 노인을 공경하는가? 어쩌면 해당 지역에 널리 퍼진 유교 전통의 영향일지도 모른다"라는 질문과 답을 예로 들어 보겠습니다. 이제 독자가 되었다는 마음으로 이 문장을 다시 읽어 봅시다.

그러면 '노인 공경과 유교 전통 사이에 정확히 어떤 관계가 있는가?'라든지 '그런데 모든 동아시아 사람이 틀림없이 노인을 공경하는가?'라는 의문이 솟아나지 않습니까? 떠오른 의문을 하나씩 글 내용에 반영합니다.

"동아시아 사람은 왜 노인을 공경하는가? 어쩌면 해당 지역에 널리 퍼진 유교 전통의 영향일지도 모른다. 유교 발상지인 중국에서도 예로부터 부모를 섬기고 노인을 공경하는 문화가 발달했다. 필자는 국민성과 종교적 철학 사이에 일정한 관계가 있을지도 모른다고 생각했고, 이를 진지하게 고찰하고자 한다. 먼저 노인 공경이 정확히 어떤 행위를 뜻하는지 정의해 보도록 하자. 무릇 공경이란…"

이 글은 다음 페이지의 그림 3-1처럼 나타낼 수 있습니다.

"동아시아 사람은 왜 노인을 공경하는가?"라는 질문 1에서 답변 1 및 '답변 1에서 파생된 새로운 질문'을 얻을 수 있고, 이런 문답을 반복하며 글이 발전되어 나갑니다. 문답을 계속해서 주고받으려면 '자신이 한 말에 스스로 질문하는 힘', 자문자답 능력을 길러야 합니다.

그림 3-1 　문답을 반복한다

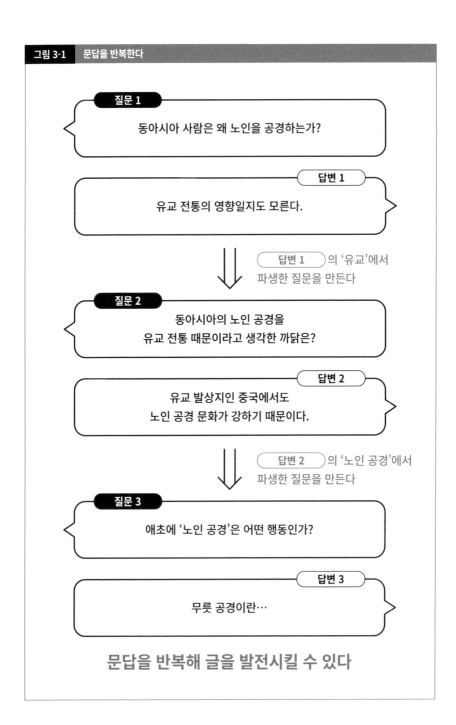

질문 1

동아시아 사람은 왜 노인을 공경하는가?

답변 1

유교 전통의 영향일지도 모른다.

답변 1 의 '유교'에서
파생한 질문을 만든다

질문 2

동아시아의 노인 공경을
유교 전통 때문이라고 생각한 까닭은?

답변 2

유교 발상지인 중국에서도
노인 공경 문화가 강하기 때문이다.

답변 2 의 '노인 공경'에서
파생한 질문을 만든다

질문 3

애초에 '노인 공경'은 어떤 행동인가?

답변 3

무릇 공경이란…

문답을 반복해 글을 발전시킬 수 있다

육하원칙 대신 '무엇을'과 '왜'

 ## 육하원칙에서 필요한 것은 단 두 가지

수업 시간에 배운 육하원칙을 기억합니까? 육하원칙은 다음 여섯 가지 의문사를 말합니다.

누가 / 언제 / 어디서 / 무엇을 / 어떻게 / 왜

주로 역사 기사나 보도 기사를 작성할 때 지켜야 하는 기본적인 원칙이지만, 다른 글도 육하원칙에 따라 쓰면 좋다고들 합니다. 그러나 저는 일반적인 글쓰기에 육하원칙을 전부 적용하기는 어렵다고 봅니다. "동아시아 사람은 왜 노인을 공경하는가?"라는 질문을 예로 들겠습니다. 이 질문에서 '언제' 혹은 '어디서'를 구태여 확인할 필요가 있을까요? **사실 확인이 중요한 기사문을 쓸 때가 아니라면 육하원칙을 모두 지키기는 오히려 어려울 수 있습니다. 우리의 글쓰기 훈련에는 '무엇을'과 '왜'만 적용해도 충분합니다.**

이 두 가지 의문사만 있으면 어떤 글이든 대부분 완성할 수 있습니다. 다만 드물게 예외도 있는데, 일하는 방식이나 비결을 알려 주는 글이라면 추가로 '어떻게'도 필요합니다. 국어 시험에서도 '무엇을'과 '왜'를 묻는 문제 외에는 거의 출제되지 않습니다. 기본적으로 '무엇을'과 '왜'에 중점을 두고, 글에서 밑줄 친 부분을 가리키며 "이것은 **무엇을** 의미하는지 설명하시오" 혹은 "여기서 **왜** 이렇게 말하는지 고르시오"와 같은 유형이 주로 출제됩니다. 그래서 이 책에서도 '무엇을'과 '왜'라는 두 가지 유형 위주로 다루었습니다.

'분해'해 '작은 질문'을 만든다

 ## '분해'하면서 '이해'한다

'큰 질문'을 여러 '작은 질문'으로 나누기 위해서는 **분해**가 가장 중요합니다. **하나의 '큰 질문'은 '분해'를 거쳐야만 여러 개의 '작은 질문'으로 바뀌기 때문**입니다.

'분해(分解)'와 '이해(理解)'라는 단어에는 똑같이 '해(解: 무엇을 쪼개다, 또는 깨닫는다는 뜻)'라는 한자어가 쓰입니다. 어떤 단어나 현상을 제대로 알고자 한다면 '이해'에 다다를 때까지 '분해'하는 것도 효과적입니다.

'요의(要義)'라는 단어를 예로 들어 보겠습니다. 이 단어는 무슨 뜻일까요? 일상에서 자주 사용하는 말이 아니다 보니 첫눈에는 낯설지도 모릅니다. 하지만 찬찬히 살펴보면 완전히 생소하다고만은 할 수 없습니다.

단어 '요의'는 글자 '요'와 '의'로 나뉩니다. 그렇다면 "요의는 무슨 뜻인가?"라는 질문도 '요는 무슨 뜻?'과 '의는 무슨 뜻?'이라는 두 질문으로 분해할 수 있습니다. 먼저 '요'는 무슨 뜻일까요? '요(要)'는 중요하다는 뜻의 한자입니다. 글자 '요'가 사용된 단어로는 '중요한 장소'를 뜻하는 '요소(要所)'나 '중점적 사실'을 뜻하는 '요점(要點)'이 있습니다.

이어서 '의'는 무슨 뜻일까요? 한자 '의(義)'는 여러 가지 뜻을 지니는데, 여기에서는 '말이나 글의 속뜻'을 이르는 '의의(意義)'나 '단어와 사물의 규정된 뜻'을 이르는 '정의(定義)'처럼 '의미'를 가리키는 데 쓰였습니다.

정리하면 '요의'란 '중요'와 '의미'를 합친 단어로 '중요한 의미'라는 뜻이라고 추측할 수 있

제1장
3단계 법칙 좋은 글을 쓰기 위한

제2장
질문을 만든다 글을 쓰기에 앞서

제3장
질문 만들기 글쓰기가 쉬워지는

제4장
답한다 직접 만든 질문에

제5장
문장력 키우기 글의 완성도를 높이는

습니다. 실제로도 '핵심이 되는 중요한 뜻'을 가리키는 단어입니다. 이렇게 얼핏 보아서는 복잡하고 어려워 보이는 일이라도 '분해'하면 '이해'되는 경우가 많습니다.

 ## '큰 질문'을 '작은 질문'으로 분해한다

'큰 질문'을 '작은 질문'으로 분해하는 과정도 기본적으로 한자어 분해와 같습니다. 다음 예문에 나오는 '큰 질문'을 **단어와 어구에 초점을 맞추어** 분해해 봅시다.

[예시 1] (큰 질문) "동아시아 사람은 왜 노인을 공경하는가?"

→ (작은 질문 ①) **"동아시아** 외에도 노인에게 깍듯한 지역이 있는가?"

→ (작은 질문 ②) "노인 **공경**이란 정확히 어떤 행동인가?"

[예시 2] (큰 질문) "카레를 하룻밤 묵히면 어째서 더 맛있어지는가?"

→ (작은 질문 ①) "흔히 **하룻밤을 묵힌다**고 하지만, 단 하룻밤이면 충분한가? 시간이 꼭 밤이어야 하는 이유가 있는가?"

→ (작은 질문 ②) **"카레** 외에도 만든 지 하룻밤이 지나면 더 맛있어지는 음식이 있는가?"

→ (작은 질문 ③) **"맛있어진다는** 사실에 객관적인 근거가 있는가? 그리고 맛은 정확히 어떻게 변화하는가? 간이 진해지는가, 아니면 풍미가 깊어지는가?"

또는 **질문을 두 가지 이상의 관점에서 바라보는 방법**도 있습니다. 다음 페이지의 예시와 같이 질문을 바라보는 시각이나 중점을 두는 분야를 바꾸어 가며 '큰 질문' 하나를 '작은 질문' 여러 개로 분해하는 것입니다.

[예시 1] (큰 질문) "이상적인 교육이란 무엇인가?"

→ (작은 질문 ①) "학력을 높인다는 관점에서 볼 때 이상적인 교육은 무엇인가?"

→ (작은 질문 ②) "인격을 성숙하게 한다는 관점에서 볼 때 이상적인 교육은 무엇인가?"

→ (작은 질문 ③) "우수한 국민을 양성해 경제를 활성화하고 나아가 국가를 발전시킨다는 관점에서 볼 때 이상적인 교육은 무엇인가?"

[예시 2] (큰 질문) "2035년에 세상은 어떠한 모습으로 변화할 것인가?"

→ (작은 질문 ①) "2035년, 우리나라는 어떤 식으로 성장해 있을까?"

→ (작은 질문 ②) "2035년, 우리나라는 어떤 문제에 직면해 있을까?"

→ (작은 질문 ③) "2035년, 세계는 어떤 식으로 성장해 있을까?"

→ (작은 질문 ④) "2035년, 세계는 어떤 문제에 직면해 있을까?"

 ## 책의 목차는 대개 '작은 질문'으로 이루어져 있다

앞의 네 가지 예문을 읽으며 벌써 눈치챈 독자도 있을지 모릅니다. '큰 질문'을 받는 '작은 질문'의 내용은, 책으로 치면 '목차'에 해당한다는 사실을 말입니다.

『형벌의 경중은 무엇으로 결정되는가』라는 책을 참고해 보겠습니다. 재판에서 형벌을 정하는 방식을 설명하는 책입니다. 이 책의 목차를 그대로 옮겨 두었습니다. 목차를 보면 형벌에 관해 다양한 관점에서 이야기한다는 것을 알 수 있습니다.

"형벌의 경중은 무엇으로 결정되는가?"라는 '큰 질문'을 '형법학 전반, 범죄론, 처우론, 양형론, 형법학 분야의 새로운 시각'이라는 다섯 가지 관점의 '작은 질문'으로 분해하고 이들 관점별로 각 장을 구성했습니다.

이제부터 책을 읽을 때는 목차에서 큰 질문이 어떻게 분해되는지도 살펴보길 바랍니다.

제1장 형법학의 세계(왜 규칙이 존재하는가 / 형벌의 목적은 무엇인가 / 양형으로 가는 멀고도 험한 길)

제2장 범죄론의 세계(범죄란 어떤 행위를 말하는가 / 무엇으로 범죄 성립을 판단하는가 / 범죄의 요건을 음

미하다 / '고의로'와 '홧김에' / 미완성 범죄의 경우 / 범죄에 복수 인원이 관여하는 경우 / 범죄지만 범죄가

아닌 경우 / 범행 횟수를 셈하는 방식)

제3장 처우론의 세계(형법에서 바라보는 표준 인간상 / 범죄자의 처우를 고민하다)

제4장 양형론의 세계(얼마나 구형해야 옳은가 / 양형의 구체적 판단 기준)

제5장 형법학 세계의 새로운 시각('범죄와 형벌'을 새로운 시각으로 보다 / '책임'을 새로운 시각으로 보

다 / 형법학도 변화한다)

출처: 다카하시 노리오, 『형벌의 경중은 무엇으로 결정되는가』

제1장
3단계 법칙
좋은 글을 쓰기 위한

제2장
글을 쓰기에 앞서
질문을 만든다

제3장
질문 만들기
글쓰기가 쉬워지는

제4장
답한다
직접 만든 질문에

제5장
문장력 키우기
글의 완성도를 높이는

네 가지 유형으로 '큰 질문'을 분해한다

 표현, 분야, 관점을 기준으로 분해한다

앞에서 "한 질문의 표현법, 속한 분야, 보는 관점을 바꾸는 방법으로 분해할 수 있다"라고 설명했습니다. '무엇을'과 '왜'라는 질문의 '표현, 분야, 관점'을 변경하면 오른쪽 그림과 같이 총 네 가지 유형으로 분해됩니다. 이들 네 가지 유형을 파악하면 '작은 질문'을 끝없이 만들 수도 있습니다.

계속해서 각 유형을 하나씩 자세히 설명해 보겠습니다.

그림 3-2　네 가지 분해 유형

제1장

3 단 계 법 칙

좋 은 글 을 쓰 기 위 한

제2장

글 을 쓰 기 에 앞 서

질 문 을 만 든 다

제3장

질 문 만 들 기

글 쓰 기 가 쉬 워 지 는

제4장

답 한 다

직 접 만 든 질 문 에

제5장

문 장 력 키 우 기

글 의 완 성 도 를 높 이 는

'무엇을'이라는 질문: '그것은 무엇인가?'를 묻는다

① [구체화] '구체적으로는?'이라고 묻기

　예: "그 단어의 정의는?"

　　　"예를 들어 무엇이 있는가?"

　　　"더욱 자세히 설명하자면?"

② [추상화] '추상적으로는?'이라고 묻기

　예: "그 밖에도 해당하는 것이 있는가?"

　　　"달리 응용할 수 있는 점이 있는가?"

　　　"그 이야기에서 무엇을 말할 수 있는가?"

'왜'라는 질문: '그것은 어째서인가?'를 묻는다

③ [원인, 근거, 동기] '왜, 어째서,
어떠한 원인으로 그렇게 했는가?'라고 묻기

　예: "왜 그런 일이 일어났는가?"

　　　"어째서 그런 결과가 나왔는가?"

　　　"왜 그런 가설을 세웠는가?"

　　　"왜 그것이 옳다고 주장하는가?"

　　　"어째서 그렇게 행동할 마음을 먹었는가?"

　　　"그러기로 결심한 이유는 어째서인가?"

④ [비교] '다른 예시와 비교해, 왜?'라고 묻기

　예: "다른 것과 달리 이것은 왜 ○○인가?"

바꿔 말하기

 "도대체 무엇인가?"라고 '바꿔 말하기'

먼저 '무엇을?'을 사용해 질문을 만들어 보겠습니다. '무엇'을 묻는 이 의문사에 **바꿔 말하기'를 적용하면 "대체 무엇일까?"**라는 질문이 됩니다. 다음 글을 보십시오.

> 신뢰받는 사람이 되고 싶다면 무엇을 해야 할까? 상대방의 입장에서 생각해야 한다. 상대방의 입장에 선다는 것은 그 사람의 기분을 예상하며 말하고 행동하는 것을 말한다. 예컨대 상대방이 무슨 말을 꺼냈을 때 '내가 이렇게 대답하면 저 사람은 어떻게 받아들일까?'를 고려하는 식이다.

이 글은 다음과 같이 '무엇을?'이라는 질문에 답하는 형식이 반복되고 있습니다.

(질문) 신뢰받는 사람이 되고 싶다면 **무엇을 해야 할까?**

(답변) 상대방의 입장에서 생각해야 한다

   ↓

(질문) '상대방의 입장에 선다는 것'은 **무엇인가?**

(답변) 그 사람의 기분을 예상하며 말하고 행동하는 것

   ↓

(질문) 상대방의 기분을 추측하는 말과 행동이란 구체적으로 무엇인가?

(답변) 예컨대 상대방이 어떤 말을 꺼냈을 때 '내가 이렇게 대답하면 저 사람은 어떻게 받아들일까?'를 고려하는 것

이처럼 '무엇인가?'라는 질문을 반복하며 '바꿔 말하기'를 거듭해 글을 써 내려갈 수 있습니다. '무엇을'은 글의 진행을 가장 쉬운 방법으로 돕는 질문이라 하겠습니다.

단어 정의하기

 ## 사물의 의미를 묻는다

'바꿔 말하기'의 다른 방법으로 '정의(定義)'가 있습니다. 정의란 **단어의 의미 범위를 규정하는 것**입니다.

'나는 한식을 좋아한다'라는 주제로 글을 쓴다고 생각해 봅시다. '큰 질문'은 "왜 한식을 좋아하는가?"입니다. 이어서 '한식'이라는 단어를 정의합니다. 한식 안에는 다양한 음식이 있습니다. 일반적으로는 불고기나 잡채가 떠오르는데, 혹시 라면은 한식에 포함될까요? 경양식 레스토랑의 돈가스는 본래 서양에서 건너온 돼지고기 튀김을 우리 식으로 재해석한 음식인데 한식에 속할까요?

요시모토 바나나의 소설 『키친』의 첫 문장은 '내가 이 세상에서 가장 좋아하는 장소는 부엌이다'입니다. 그리고 주인공은 어떤 부엌을 좋아하는지 자세히 설명합니다. 이처럼 좋아하는 것을 먼저 말하고 의미를 정의해 나가는 형식의 책은 『키친』 외에도 많습니다.

어떤 책은 그 내용만으로 제1장 전체를 꽉 채우기도 합니다. 만약 철학 입문서라면 '철학'이라는 단어를 정의하는 데 한 장 분량을 할애하는 경우가 드물지 않습니다. "정확히 무슨 의미인가?"라는 질문으로 단어나 사물을 정의하는 것입니다.

구체화와 추상화

제1장
3단계 법칙
좋은 글을 쓰기 위한

제2장
글을 쓰기에 앞서
질문을 만든다

제3장
질문 만들기
글쓰기가 쉬워지는

제4장
답한다
직접 만든 질문에

제5장
문장력 키우기
글의 완성도를 높이는

'구체화'와 '추상화'란 무엇인가?

'무엇을' 형식의 질문에는 '바꿔 말하기'와 '정의' 외에도 두 가지 유형이 더 있습니다. 바로 **'구체화'와 '추상화'**입니다.

구체화는 말에 다양한 설명을 덧붙여 알기 쉽게 전달하는 방식입니다. '예를 들어'라고 시작되는 문장으로 구체적 예시에 빗대어 상대방이 이해하기 쉽도록 설명하는 경우가 '구체화'에 속합니다. "나는 달콤한 간식을 좋아해"라고 했을 때, 단 음식의 범주에는 과일, 주스, 케이크, 아이스크림 등 각종 먹거리가 들어갑니다. "그중에서 어떤 간식이 좋아?" 하고 묻는 것이 '구체화'입니다.

['구체화' 질문 예시]

"그 단어의 정의는?"

"예를 들어 무엇이 있는가?"

"더욱 자세히 설명하자면?"

이런 질문은 모두 구체화의 한 형태입니다. 반면 추상화는 구체화와 정반대입니다. **추상화는 구체적인 사물이나 현상의 공통점끼리 묶어 더 폭넓은 범주에서 응용하는 방식**입니다.

예를 들면 "케이크랑 아이스크림을 좋아해"라고 답하는 친구에게 "그러니까 너는 달콤한 간식을 좋아한다는 뜻이구나" 하고 답하는 것입니다. '케이크'와 '아이스크림'이라는 구체적인 이름을 듣고 두 가지의 공통점인 '달콤한 간식' 요소를 찾아내어 더 넓은 의미를 포함하는 '달콤한 간식을 좋아함'이라는 정보로 전환했습니다. 이것이 '추상화'입니다.

더불어 구체적인 이야기를 듣고 '그렇다는 것은 이런 식으로도 말할 수 있겠는데?'처럼 생각을 발전시켜 나가는 것도 추상화에 속합니다. 만약 상대방이 "대학 시절에는 정보통신 기술을 공부했어요"라고 한다면 '이 사람은 정보통신 분야를 잘 알겠군'처럼 확대해서 해석할 수 있습니다.

이야기 안의 공통점을 발견해 하나로 뭉뚱그리고 더 넓은 범주의 이야기로 바꾸어 이해하기 쉽게 표현하는 것이 '추상화'입니다.

['추상화' 질문 예시]

"그 밖에 비슷한 분류로 묶을 수 있는 것은?"

"이 말에서 달리 응용할 만한 부분이 있다면?"

"그 이야기를 어떤 식으로 일반화해 설명할 수 있을까?"

이와 같은 질문이 추상화에 속합니다.

'무엇'을 묻고자 하면 어떤 의문을 구체적으로 파고들거나 추상적으로 한데 묶어 질문으로 만들 수 있습니다. 의문은 구체화나 추상화를 거치면서 점점 더 '쉬운 설명'으로 바뀌어 갑니다.

'구체화'와 '추상화' 시점에서 질문을 분해한다

'구체화'와 '추상화'를 능숙하게 사용하면 질문을 분해하는 작업이 매우 간단해집니다.

"고양이는 왜 그렇게 변덕스러울까?"라는 질문을 예로 들어 보겠습니다. '고양이의 어떤 부분이 변덕스럽게 느껴지는가?'나 '고양이가 어떤 행동을 할 때 변덕스러워 보이는가?'라는 의문을 파고들면 "고양이는 어째서 강아지와 달리 사람이 불러도 오지 않는 것일까?"라는 구체적인 질문에 다다르기도 합니다.

또는 "우리 학교 음악실 벽에는 왜 작은 구멍이 빼곡히 뚫려 있는가?"라는 질문을 떠올려 봅시다. '다른 학교 음악실 벽에도 비슷한 구멍이 있다. 학교 음악실뿐 아니라 일반 음악 연습실도 마찬가지다'라는 식으로 생각을 키워 나가다 보면 "음악을 연습하는 실내 공간의 벽에는 어째서 작은 구멍이 빼곡히 뚫려 있는가?"라는 추상적인 의문에 다다릅니다.

이렇게 한 가지 질문을 두고 구체화나 추상화를 되풀이해 질문 자체를 발전시킬 수 있습니다.

제1장
좋은 글을 쓰기 위한 3단계 법칙

제2장
글을 쓰기에 앞서 질문을 만든다

제3장
질문 만들기 글쓰기가 쉬워지는

제4장
직접 만든 질문에 답한다

제5장
글의 완성도를 높이는 문장력 키우기

그림 3-3　구체화와 추상화

'구체화'하는 질문

구체화 = 말에 다양한 설명을 덧붙여 이해하기 쉽게 해설하는 방식

질문 예시 ① "그 단어의 정의는?"

질문 예시 ② "예를 들어 무엇이 있는가?"

질문 예시 ③ "더욱 자세히 설명하자면?"

'추상화'하는 질문

추상화 = 구체적인 요소 사이의 공통점을 찾아
더 넓은 범주의 내용으로 응용하는 방식

질문 예시 ① "그 밖에 비슷한 분류로
묶을 수 있는 것은?"

질문 예시 ② "이 말에서 달리 응용할 만한
부분이 있다면?"

질문 예시 ③ "그 이야기를 어떤 식으로
일반화해 설명할 수 있을까?"

'구체화'와 '추상화'를 활용하면
질문을 분해하기 쉽다!

제1장
3단계 법칙
좋은 글을 쓰기 위한

제2장
글을 쓰기에 앞서
질문을 만든다

제3장
글쓰기가 쉬워지는
질문 만들기

제4장
직접 만든 질문에
답한다

제5장
글의 완성도를 높이는
문장력 키우기

원인, 근거, 동기 탐색

 '왜?'라는 질문에 여러 가지로 답하기

'무엇을' 다음으로 '왜' 유형의 '작은 질문' 만드는 법을 설명하겠습니다.

'왜'는 '어째서'와 의미가 통합니다. '어째서'라는 질문은 주어진 '결과'에 대해 '원인'을 궁금해하는 용도로 쓰입니다. 가령 친구가 머리에 붕대를 감고 나타나면 "어쩌다 그랬어?"라고 질문할 것입니다. '머리에 붕대를 감았다'라는 결과가 어떠한 원인으로 인해 발생했는지를 묻기 위해서 말입니다.

다음 글을 보십시오.

우리 팀은 왜 불화가 끊이지 않을까? 여러 팀원에게 원인을 물은 끝에 팀원 사이에 의사소통이 이루어지지 않는다는 결론을 내렸다. 팀원들과 이야기하며 깨달았는데 우리 팀은 서로 대화하는 시간이 드물고 동료가 어떤 성격인지도 잘 모른다는 의견이 많았다. 이처럼 소통이 제대로 이루어지지 않은 원인은 무엇일까? 아무래도 팀원끼리 정기적으로 모이는 자리가 없기 때문인 듯하다.

이 글도 다음과 같이 질문에 질문이 꼬리를 무는 형태입니다.

(질문 1) 우리 팀은 왜 불화가 끊이지 않을까?

(답변 1) 팀원 사이에 의사소통이 이루어지지 않기 때문

(질문 2) 어떤 이유로 그렇게 생각했는가?

(답변 2) 여러 팀원의 의견에 따르면 우리 팀은 서로 대화하는 시간이 드물고 동료가 어떤 성격인지도 잘 모른다고 함

(질문 3) 팀에서 의사소통이 제대로 이루어지지 않은 원인은 무엇인가?

(답변 3) 팀원끼리 정기적으로 모이는 자리가 없기 때문

이 글은 "우리 팀은 왜 불화가 끊이지 않을까?"라는 중심 질문의 답을 얻고자 여러 가지로 '왜'라는 질문을 만들고 '그 질문에 답하는 행위'로 이루어져 있습니다.

이처럼 커다란 '왜' 하나를 자그마한 '왜' 여러 개로 분해하는 그림을 머릿속으로 떠올리면 글쓰기가 한결 편안해집니다.

 '왜'는 세 가지 종류로 나뉜다

'왜'라는 질문은 '원인' 외에 다른 것을 물을 때도 있습니다. 그중 하나가 **'근거'를 묻는 경우**입니다.

방금 본 글에는 다음과 같이 두 가지 질문이 있었습니다.

"어떤 이유로 그렇게 생각했는가?"

"팀에서 의사소통이 제대로 이루어지지 않은 원인은 무엇인가?"

첫 번째 질문은 "왜 그런 가설을 세웠는가?"처럼 생각의 '근거'를 묻고 있습니다. 그렇게 생각하게 된 이유나 그 주장을 보충할 만한 증거를 요구하는 질문입니다.

한편 두 번째 질문은 "왜 그런 일이 일어났는가?"라는 '원인'을 묻는 내용입니다. 일이 발생

제1장
3단계 법칙
좋은 글을 쓰기 위한

제2장
글을 쓰기에 앞서
질문을 만든다

그림 3-4	'왜?'의 세 가지 유형

① 원인	**"왜 그런 일이 일어났지?"** 눈앞에 보이는 '결과'를 두고 '원인'을 묻는다.
② 근거	**"왜 그렇게 생각했어?"** 그렇게 생각한 이유나 그 주장을 뒷받침하는 증거를 묻는다.
③ 동기	**"왜 그러기로 결심했어?"** 상대방의 어떤 말이나 행동을 불러일으킨 감정에 관해 묻는다.

제3장
질문 만들기
글쓰기가 쉬워지는

제4장
답한다
직접 만든 질문에

제5장
문장력 키우기
글의 완성도를 높이는

한 요인이나 그 사건의 배경을 직접적으로 질문합니다.

그리고 앞의 예문에는 나오지 않았지만 '왜?'라는 질문이 **'동기'를 묻는 경우**도 있습니다.

"왜 그렇게 행동하기로 마음먹었는가?"처럼 상대방의 감정을 확인하는 질문입니다.

비교하기

 ## 비교해 '왜'를 이끌어 낸다

원인, 근거, 동기에 이어 '왜'에는 다른 유형도 있습니다. 바로 **비교**입니다. 다른 무언가와 비교해 '왜'라는 질문을 만드는 유형입니다.

이를테면 앞에서 "동아시아 사람은 왜 노인을 공경하는가?"라는 의문에 답하고자 다른 여러 지역과 비교해 "동아시아 외에도 노인을 공경하는 지역이 있는가?"라는 질문을 꺼냈는데, 이것이 바로 '비교'할 때의 '왜?'입니다.

"카레를 하룻밤 묵히면 어째서 더 맛있어질까?"라는 질문에 대해 "카레 외에도 만든 지 하룻밤이 지나면 더 맛있어지는 음식이 있을까?" 하고 묻는 것도 비교입니다. 카레를 잘 알기 위해 다른 음식을 예로 들어 비교한 것입니다. 만약 밤새 맛있어지는 현상이 카레에서만 나타난다고 밝혀진다면 "왜 카레만 맛있어질까?"라는 새로운 질문을 추가할 수도 있습니다.

 ## 비교를 통해 판단한다

무엇을 깊이 이해하고자 할 때는 다른 요소와 비교하는 행위가 중요합니다. 한 나라를 깊이 알고 싶을 때 다른 나라와 비교한다면 공통점과 차이점을 찾기도 쉽고, 기준이 된 나라의 특징을 더 자세히 파악하게 됩니다.

비교는 수치나 통계를 판단할 때도 필요합니다. '신장이 170센티미터인 성인 남성'은 '키가 크다'라고 단정할 수 있습니까? 이 문장만으로는 '크다' 또는 '작다'라고 답할 근거가 부족합니다. 성인 남성의 평균 신장을 172센티미터라고 가정한다면 170센티미터는 큰 편이 아닙니다. 반면 '신장이 170센티미터인 여성 청소년'이라면 여성 청소년의 평균 신장과 비교해 키가 큰 편에 속할 것입니다.

이처럼 수치의 높고 낮음이나 크고 작음은 다른 자료와 비교해 살펴봐야 정확히 알 수 있습니다. '인도의 인구는 14억 5,100만 명'이라는 정보만 달랑 주어졌을 때와 달리 "인도의 인구수는 중국의 인구 14억 1,932만 명을 넘어서며 세계 1위에 올랐다"라고 비교해 설명한다면, '인도는 어떻게 중국의 인구수를 넘어섰을까? 인구가 증가한 이유는? 그 배경은?'처럼 생각을 점점 키워 나가기에 수월합니다.

동시에 '분야를 바꾼다'라는 방법도 함께 사용하기 좋습니다. 예를 들어 앞에 언급했던 "형벌의 경중은 무엇으로 결정되는가?"라는 질문에 관해서는 "형법학에서는 무엇이라고 답할까?", "범죄학에서는 무엇이라고 답할까?"와 같이 형법학, 범죄학, 그 밖에도 여러 분야의 시각에서 돌아가며 '작은 질문'을 만들었습니다. 이렇게 하면 "왜 형법학과 범죄학은 서로 다른 답변을 내놓는가?"처럼 비교를 통해서만 알 수 있는 '차이점'을 꿰뚫는 질문, '왜'에 다다르게 됩니다.

제1장
좋은 글을 쓰기 위한 3단계 법칙

제2장
글을 쓰기에 앞서 질문을 만든다

제3장
글쓰기가 쉬워지는 질문 만들기

제4장
직접 만든 질문에 답한다

제5장
글의 완성도를 높이는 문장력 키우기

제 4 장

직접 만든
질문에 답한다

'작은 질문'을 거듭한다

 지금까지의 복습

제3장까지 배운 내용을 떠올리며 직접 글을 써 봅시다.

> **주제: 한식의 장점을 설명하는 글을 쓰시오.**

먼저 '큰 질문'을 만듭니다. 참고로 앞에서 배운 '무엇을'과 '왜'는 '큰 질문'을 정할 때도 유용합니다. '무엇'을 중심으로 "한식의 장점은 무엇인가?"라고 물어도 좋고, '왜'를 중심으로 "한식은 왜 장점이 많다고 할 수 있는가?"라는 질문을 만들어도 좋습니다.

먼저 "한식의 우수한 점은 무엇인가?"로 '무엇을'에 해당하는 형식의 질문을 살펴보겠습니다. '구체화'에서 설명한 세 가지 질문 예시를 참고해 만들어 봅시다.

> 구체화 질문: "구체적으로는?"
>
> 질문 예시 ① "그 단어의 정의는?"
>
> 질문 예시 ② "예를 들어 무엇이 있는가?"
>
> 질문 예시 ③ "더욱 자세히 설명하자면?"

예시 ①에 따르면 "한식의 정의는?"이라는 질문이 나옵니다.

(질문) 한식의 정의는?

(답변) 한국 환경에 맞추어 만들어진 한국 음식 전반을 뜻함

예시 ②를 응용하면 "예를 들어 한식의 매력으로는 무엇이 있는가?"와 같은 질문도 만들어집니다. 한 질문에 대한 답변은 반드시 하나가 아니어도 됩니다. "한식의 매력은 무엇인가?"라는 질문에는 여러 답변이 달릴 수 있습니다.

일례로 세 가지 대답을 준비해 보았습니다.

(질문 1) 한식의 매력으로는 무엇이 있는가?

(답변 1) 풍미가 깊어 맛있다

(답변 2) 채소를 다양하게 사용하고 담백한 음식이 많다

(답변 3) 사계절 식재료의 변화를 즐길 수 있다

이번에는 '왜'를 중심으로 한 질문을 살펴보겠습니다.

원인, 근거, 동기를 확인하는 질문: "왜 그렇게 생각했는가? 그 원인은? 근거는? 그렇게 결정한 감정은?"

질문 예시 ① "왜 그런 일이 일어났는가?"

질문 예시 ② "왜 그런 결과가 나왔는가?"

질문 예시 ③ "왜 그런 가설을 세웠는가?"

질문 예시 ④ "왜 그것이 옳다고 주장하는가?"

질문 예시 ⑤ "왜 그렇게 하기로 결심했는가?"

한식의 맛 요소에 주목해 예시 ② "왜 그런 결과가 나왔는가?"를 "왜 한식을 맛있다고 느끼

제1장
3단계 법칙
좋은 글을 쓰기 위한

제2장
질문을 만든다
글을 쓰기에 앞서

제3장
질문 만들기
글쓰기가 쉬워지는

제4장
답한다
직접 만든 질문에

제5장
문장력 키우기
글의 완성도를 높이는

는가?"라는 질문으로 바꾸어 봅니다. 대답은 '풍미가 깊기 때문'입니다.

이 질문에 연관해 예시 ④ "왜 그것이 옳다고 주장하는가?"를 반영한 질문을 새로 만듭니다. "어떤 이유로 풍미가 깊다고 보는가?"와 같은 질문을 생각해 볼 수 있습니다.

조금 다른 이야기지만 방금처럼 스스로 생각한 대답에 관해서도 '과연 이 답이 옳을까?'라고 끊임없이 자문자답하는 자세가 중요합니다. 이 부분은 후에 자세히 설명하겠습니다.

(질문 1) 왜 한식을 맛있다고 느끼는가?

(답변 1) 풍미가 깊기 때문에

(질문 2) 어떤 이유로 한식의 풍미가 깊다고 보는가?

(답변 2) 한식에는 외국 음식에서 흔히 느낄 수 없는 감칠맛 성분이 풍부하므로

마지막으로 비교를 활용해 봅니다.

비교 질문: "다른 현상과 비교해 왜 그럴까? 무엇이 원인인가?"

질문 예시: "다른 일과 비교할 때 이 일은 왜 ○○한가?"

한식을 주제로 쓰고 있으므로 비교 대상은 '다른 나라 음식'이 됩니다.

'감칠맛 성분이 풍부한 음식은 한식뿐인가? 왜 한식에는 그 성분이 많은가?'처럼 생각을 이어 나가 봅시다.

(질문) 왜 한식에는 감칠맛 성분이 풍부한가?

(답변) 감칠맛은 대표적으로 다시마를 우려낸 육수에 많이 포함되어 있고, 한식은 다른 나라 음식에 비해 이러한 육수를 흔히 사용하기 때문

질문과 대답이 분명히 보이기 시작하면 뒷일은 간단합니다. 지금까지 떠올린 질문과 답변을 엮기만 해도 글이 완성됩니다.

이번에는 대답이 앞에 나오는 강의형 글 대신 논문형 글을 써 봅시다.

한식의 매력이란 무엇인가? 오늘은 이에 관해 이야기하고자 한다.

우선 한식이란 정확히 어떤 음식인가? 이 글에서는 한국 환경에 맞추어 만들어진 한국 음식 전반을 가리킨다고 정의했다. 그리고 한식에는 다채로운 매력이 있다. 첫 번째로 한식은 풍미가 깊고 맛이 좋다. 이는 한식 특유의 '감칠맛' 덕분이라고 할 수 있다. 감칠맛은 대표적으로 다시마 같은 재료를 우려낸 육수에서 느껴지는 맛이다. 한식을 만들 때는 이런 육수를 다양하게 사용하므로 감칠맛 성분이 풍부하다. 두 번째로는 각종 채소를 활용함으로써 담백한 음식이 많은 점을 꼽을 수 있다. 그러므로 한식은 건강에 좋은 음식으로도 주목받고 있다. 마지막으로 한식은 사계절의 변화를 즐기기에 좋은 음식이다. 봄, 여름, 가을, 겨울이라는 사계절에 어울리는 제철 음식을 다채롭게 맛볼 수 있다. 이상으로 한식의 세 가지 매력을 설명했다.

이렇게 해서 한식의 매력을 전파하는 글을 써 보았습니다.

"한식의 매력은 무엇인가?"라는 '큰 질문'을 정하고 '큰 질문'을 분해한 '작은 질문'을 여럿 꺼내어 각 질문에 답하는 동안 글은 저절로 완성됩니다.

길이가 긴 글이든 짧은 글이든, 문체가 가벼운 글이든 딱딱한 글이든 상관없이 지금까지 배운 내용을 단계별로 차근차근 밟아 나가기만 하면 글을 쓸 수 있습니다.

대답은 어떻게 만들까?

 답은 스스로 찾아야 한다

바로 앞 단원에서 일부러 설명하지 않은 부분이 있습니다. 그것은 바로 '질문에 답하는 법'입니다. 앞서 한식 이야기에서는 제가 답을 생각했습니다.

'큰 질문'을 쪼개어 '작은 질문'을 만드는 '질문 분해용 네 가지 유형'을 익히면 어렵지 않습니다. 그런데 막상 질문의 답을 떠올리려니 갑자기 난이도가 오르는 느낌입니다. 한식의 매력을 구체적으로 세 가지나 생각해 내는 것도 그리 쉽지만은 않습니다. 하지만 어떻게 보면 당연히 거쳐야 할 고생이 아니겠습니까? 질문의 답에 도달하는 과정이 바로 글쓰기 그 자체입니다. 국어 시험 이야기를 다시 떠올려 보세요.

"왜 이러한지 설명하라."

"이것은 어떤 이유 때문인가?"

지문을 읽고 이런 문제에 답하는 것이 국어 시험입니다. 이 책에서 우리가 지금까지 배운 내용을 국어 시험에 비유하자면 현재는 "왜 그런지 설명하시오" 또는 "이것은 어째서입니까?"라는 문제를 받은 시점입니다.

여러분 앞에는 텅 빈 백지 대신 문제지와 답안지가 놓여 있습니다. 그렇다면 답안지를 채워 나가야 할 것입니다. 여러분이 쓴 글을 읽는 사람은 바로 그 답안지에 실릴 답변을 궁금해하고 있습니다. 답을 낸다는 것은 실로 어려운 작업입니다. 하지만 그 대답이 글의 재미를 좌우합니다.

그런데 구체적인 답안이 도저히 떠오르지 않는다면 어떻게 해야 할까요? 물론 요즘은 인터넷 검색을 하거나 챗봇에 질문을 입력하면 순식간에 그럴싸한 대답이 나오는 시대입니다. 하지만 도구에 의존한다면 앞으로 영영 자기만의 대답을 스스로 떠올려 쓸 수 없게 됩니다. 게다가 이러한 도구가 반드시 정답만 말한다는 보장도 없습니다. 따라서 기술이 아무리 발전하더라도 대답은 결국 스스로 생각할 수 있어야 합니다.

 ## 그래도 대답을 모르겠다면

무조건 될 때까지 고민하라는 무책임한 말을 남길 수는 없으니, 지금까지 배운 기술을 응용할 겸 대답의 비법을 한 가지 소개하겠습니다. **'대답을 찾지 못한 질문'을 '새로운 질문'으로 분해해 보는 것**입니다.

다음 질문에 관한 답을 함께 생각해 봅시다.

(질문) 왜 한식에는 감칠맛 성분이 풍부한가?

앞에서 '큰 질문'에 네 가지 유형을 적용해 '작은 질문'으로 분해한 것을 기억하십니까? 같은 방식으로 "왜 한식에는 감칠맛 성분이 풍부한가?"라는 질문도 '작은 질문'으로 분해해 보겠습니다.

애초에 '감칠맛 성분'이란 무엇일까요? "왜 한식에는 감칠맛 성분이 풍부한가?"라는 질문 안에는 이미 "감칠맛 성분이란 무엇인가?"라는 '작은 질문'이 존재하고 있습니다. 이 질문에 "대표적인 감칠맛 성분으로는 글루탐산, 이노신산, 구아닐산 등이 있다"라고 답할 수 있습니다. 이어서 "글루탐산이란 무엇인가? 어떤 음식에 많은 성분인가?"라는 질문에는 '다시마 육수의 주성분'이라고 답해 봅시다.

종합해 다시 한 번 "왜 한식에는 감칠맛 성분이 풍부한가?"라고 묻는다면, "다시마 육수의

제1장
좋은 글을 쓰기 위한 3단계 법칙

제2장
글을 쓰기에 앞서 질문을 만든다

제3장
글쓰기가 쉬워지는 질문 만들기

제4장
직접 만든 질문에 답한다

제5장
글의 완성도를 높이는 문장력 키우기

주성분인 글루탐산이 감칠맛 성분이니까"라는 대답이 만들어지게 됩니다.

한 가지 질문에서 답이 막혔을 때는 방금처럼 다른 시각에서 새로운 질문으로 분해하다 보면 돌파구가 열리기도 합니다. 멈추지 않고 언제까지나 질문을 이어 가는 것이 요점입니다.

국어 과목에서 가르치는 내용도 마찬가지입니다. "이 장면에서 인물 A는 왜 슬퍼하는가?"라는 문제를 받으면 해답을 찾기 위해 '직전에 A는 무슨 사건을 겪었지?', 'A는 어떤 사람이지?'와 같은 의문을 떠올립니다. 답을 찾는 과정에서 문제를 분해해 새로운 의문들로 나누어 두고 하나씩 해결하는 것입니다. 국어에서 배우는 내용은 바로 이렇게 '질문에 질문을 거듭하며 답을 찾는 훈련'입니다.

그림 4-1 '새로운 질문'으로 분해하기

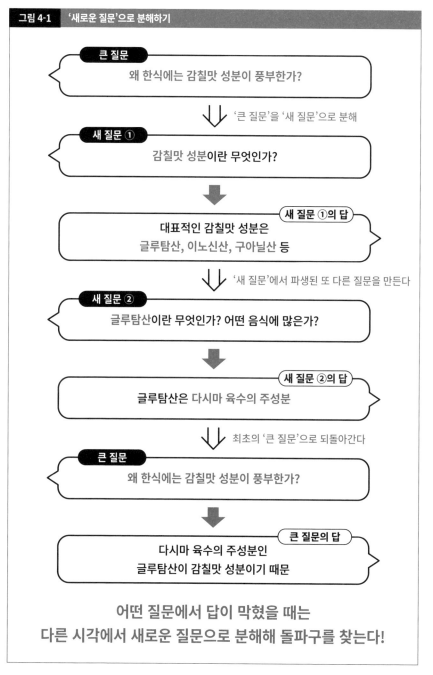

큰 질문
왜 한식에는 감칠맛 성분이 풍부한가?

'큰 질문'을 '새 질문'으로 분해

새 질문 ①
감칠맛 성분이란 무엇인가?

새 질문 ①의 답
대표적인 감칠맛 성분은
글루탐산, 이노신산, 구아닐산 등

'새 질문'에서 파생된 또 다른 질문을 만든다

새 질문 ②
글루탐산이란 무엇인가? 어떤 음식에 많은가?

새 질문 ②의 답
글루탐산은 다시마 육수의 주성분

최초의 '큰 질문'으로 되돌아간다

큰 질문
왜 한식에는 감칠맛 성분이 풍부한가?

큰 질문의 답
다시마 육수의 주성분인
글루탐산이 감칠맛 성분이기 때문

어떤 질문에서 답이 막혔을 때는
다른 시각에서 새로운 질문으로 분해해 돌파구를 찾는다!

너무 단순한 답은 피하라

 신중하게 생각해 답했는가?

대답을 만들 때 주의할 점이 하나 있습니다. 아무런 고민도 없이 **곧바로 떠오르는 답을 안이하게 선택하지 않는 것**입니다. 단순하고 진부한 답으로 손쉽게 도피하는 것은 글쓰기에 큰 도움이 되지 않습니다.

저는 학교에서 학생들과 면담하면서 "이번 시험은 어쩌다 성적이 떨어졌나요?"라고 묻고는 합니다. 그다지 깊이 생각하지 않고 곧장 "공부를 별로 안 했으니까요", "저는 원래 머리가 나빠서요"라고 대답하는 학생도 있습니다. 그럴 때마다 "진지하게 고민한 뒤에 대답하도록!" 하고 대화를 이어 갑니다.

"무엇을 위해 공부하는지 동기부여가 되지 않았다, 시험 범위가 평소 어려워하는 내용이었다, 부주의하게 답안지를 한 칸씩 밀려 썼다, 그런 식으로 더 자세한 이유가 있을 겁니다"라고 학생들에게 설명하기도 합니다. 전자처럼 누구나 할 수 있는 단순 대답은 피하자는 이야기입니다. 왜냐하면 이처럼 단조로운 대답은 '또 다른 질문'으로 발전할 수 없기 때문입니다.

[단순한 대답의 예]

(질문) 왜 한식을 맛있다고 느끼는가?

(답변) 그냥 맛있으니까

(질문) 왜 한식에는 감칠맛 성분이 풍부한가?

(답변) 원래 감칠맛 나는 음식이니까

이런 대답은 아무리 고민한들 새로운 질문으로 이어질 수 없습니다. 그러나 답을 만드는 훈련이 충분하지 않다면 단순한 대답으로 흘러가기 쉽습니다.

다음 질문과 답을 살펴봅시다.

(질문) 왜 풍미가 깊고 맛이 좋은가?

(답변) 감칠맛이 풍부하니까

이것도 결코 틀린 답은 아닙니다. 하지만 이 답변에는 아직 또 다른 질문으로 분해할 여지가 남아 있습니다.

"한식에는 감칠맛이 풍부하다고 한다. 그렇다면 감칠맛은 어떠한 성분인가? 다른 나라에도 감칠맛 성분이 함유된 음식이 있는가? 사람이 감칠맛을 맛있다고 느끼는 현상에 관해 정확한 연구 결과는 존재하는가?"처럼 더 많은 질문을 끌어낼 수 있는 상태입니다.

 '아직 분해할 것이 남지 않았나?' 돌아보기

단순한 답변은 분해해 새로운 질문을 만들어 낼 여지가 있다고 했습니다. '분해해 새로운 질문을 만들 수 있는 상태의 답'은 만족스러운 대답이 아니며, **'아직 더 분해할 것이 남지 않았나?' 샅샅이 살펴보는 것이 좋은 글을 쓰는 요령**입니다.

한때 일본의 거대 인터넷 사이트 대표인 니시무라 히로유키의 한마디가 젊은 층에서 유행한 적이 있습니다. "그건 당신 생각이고요. 어디 무슨 증거라도 있습니까?" 얼핏 보기에는 우스갯소리 같지만 글쓰기에서는 이런 관점이 중요합니다.

제1장
좋은 글을 쓰기 위한
3단계 법칙

제2장
글을 쓰기에 앞서
질문을 만든다

제3장
글쓰기가 쉬워지는
질문 만들기

제4장
직접 만든 질문에
답한다

제5장
글의 완성도를 높이는
문장력 키우기

"이 생각이 정말로 옳은가?"

"주장을 뒷받침하는 근거는 무엇인가?"

글쓰기 실력을 갈고닦기 위해서는 이러한 객관적 시각을 지녀야 합니다. 자신이 쓴 글을 다시 읽으며 "어디 무슨 증거라도 있습니까?"라고 스스로 질문해 봅시다. 만약 까다로운 사람이 나의 글을 읽고 트집을 잡는다면 무어라 반박할지 상상해 봐도 좋습니다. 근거로 삼을 통계 자료나 관련 실험 결과를 찾아볼 수도 있겠지요. 어쨌든 자신이 쓴 글에 끊임없이 질문을 던지는 자세를 유지하는 것이 핵심입니다.

제 5 장

글의 완성도를
높이는 문장력
키우기

좋은 문장 쓰는 법

 ## 문장을 배치하는 데도 규칙이 있다

이상으로 좋은 글을 쓰기 위한 '글쓰기 3단계 법칙'을 모두 설명했습니다. 3단계 법칙만 익혀도 예전과 부쩍 달라진 글쓰기 실력을 자랑할 수 있을 것입니다. 이번 장에서는 그에 더해 '한층 완성도 높은 글을 쓰는 기술'을 소개하겠습니다.

글쓰기를 '건물'에 비유하고는 합니다. 건물을 지을 때는 토대가 될 목재를 준비하고 층층이 쌓아 올립니다. 계획을 꼼꼼히 세워 이쪽에는 기둥을 세우고, 저쪽에는 벽을 쌓아야 합니다. 목재를 아무렇게나 가져다 얹는다면 튼튼한 건물을 지을 수 없습니다.

건물에서의 '목재'가 글로 치면 '문장'에 해당합니다. 정확하게는 '하나의 질문과 그에 대한 답'입니다. 목재를 쌓듯 문장을 쌓아 올려 '글'이라는 건물을 짓는 활동이 바로 글쓰기입니다. 그리고 '문장을 쌓아 올리는 실력'을 '문장력'이라고 부릅니다.

문장력은 글을 쓸 때 문장을 어떤 규칙에 따라 어떤 순서로 배치하면 좋을지 판단하는 힘입니다. 건물을 세울 때는 순서도 지켜야 하지만 목재와 목재를 잇는 접착제도 잘 따져 봐야 합니다. 문장과 문장 사이에는 '접속사'라는 접착제를 바릅니다. '그래서'나 '그리고' 같은 접속사를 넣어 문장의 연결 관계를 명확하게 합니다.

지금까지 우리는 목재를 모았습니다. 건물을 지을 준비가 완료된 셈입니다. 이제는 손에 넣은 목재를 써서 건물을 세울 때입니다.

글의 주제를 의식한다

제1장
3단계 법칙
좋은 글을 쓰기 위한

제2장
글을 쓰기에 앞서
질문을 만든다

제3장
질문 만들기
글쓰기가 쉬워지는

제4장
답한다
직접 만든 질문에

제5장
문장력 키우기
글의 완성도를 높이는

 ## 주제를 의식한다는 것은?

"주제를 의식하며 읽어야 합니다."

읽기를 배울 때 자주 듣는 말입니다. 이 책을 읽고 있는 여러분도 학교 수업 시간에 '주제를 의식하면서'라는 말을 귀에 못이 박히게 들었을 것입니다. 글쓰기라면 주제를 의식하며 글을 쓰는 것이지요.

이렇게 누구나 흔히 하는 말이지만 실제로 주제를 의식한 글쓰기가 무엇인지 제대로 설명할 수 있는 사람은 얼마나 될까요? 주제를 의식하는 것이 중요하다고는 해도 정확히 어떻게 의식하라는 말인지 모른다면 소용없습니다. 사실은 이 책에서 줄곧 설명한 글쓰기 3단계 법칙이 바로 '주제를 의식하며 글을 쓰는 방법'입니다. 다음의 글 두 편을 보십시오.

1. 오늘은 모처럼 산책을 나섰더니만 새똥을 맞지를 않나, 잠든 개의 꼬리를 밟는 바람에 개에게 쫓기지를 않나, 터덜터덜 걷고 있었더니 경찰에게 불심검문까지 당하지를 않나, 그야말로 최악의 하루였다.

2. 오늘은 너무도 불행한 날이었다. 모처럼 산책길에 나섰다가 새똥을 맞고, 잠든 개의 꼬리를 밟아 개에게 쫓기기도 하고, 터덜터덜 걷다가 경찰에게 불심검문까지 당했다. 그야말로 최악의 하루였다.

어떤 글이 더 수월하게 읽혔습니까? 아마도 2가 더 편했을 것입니다.

두 글은 내용이 거의 같습니다. 다른 점은 2번 글에 첫 문장으로 '오늘은 너무도 불행한 날이었다'라는 한 줄이 추가된 것뿐입니다. 그러나 첫 문장이 있고 없고의 차이가 '생판 남이 쓴 생판 모를 하루의 일기'를 '생판 남이 쓴 어느 불행한 하루의 일기'로 바꾸었습니다. '생판 남이 쓴 어느 불행한 하루의 일기'가 이 글의 주제입니다.

첫 문장에서 주제를 제시했으므로 독자도 문장을 받아들이기 쉬워진 것입니다. 물론 이것만으로는 실전 글쓰기에서 어떻게 주제를 의식하면 되는지 여전히 헷갈립니다. 그런데 지금까지 책에서 설명한 '질문과 대답 만들기'를 기억한다면 누구든지 주제가 살아 있는 글을 쓸 수 있습니다.

이 글에서 '큰 질문'은 무엇이었습니까? 일기답게 "오늘은 어떤 날이었는가?"가 '큰 질문'입니다. 그럼 '큰 질문'에는 무엇이라고 대답했습니까? 답은 "오늘은 너무도 불행한 날이었다"입니다. 첫 문장인 '오늘은 너무도 불행한 날이었다'가 큰 질문의 대답이었던 것입니다. 그렇다면 글의 맨 처음에 나오는 한 문장이 결론을 말하고 그 뒤에서 이유를 설명하는 점이 특징인 '강의형' 글이라는 사실까지 파악할 수 있습니다.

그림 5-1 | 글의 주제를 의식한다

오늘은 모처럼 산책을 나섰더니만 새똥을 맞지를 않나, 잠든 개의 꼬리를 밟는 바람에 개에게 쫓기지를 않나, 터덜터덜 걷고 있었더니 경찰에게 불심검문까지 당하지를 않나, 그야말로 최악의 하루였다.

주제가 보이지 않아 무엇을 말하는 글인지 파악하기 어렵다

글을 질문과 대답의 형태로 분석한다

큰 질문 　오늘은 어떤 하루였는가?

대답 　오늘은 너무도 불행한 날이었다

**대답에 해당하는 '오늘은 너무도 불행한 날이었다'를
글의 첫 문장에 넣으면 주제가 명확해진다**

오늘은 너무도 불행한 날이었다. 모처럼 산책길에 나섰다가 새똥을 맞고, 잠든 개의 꼬리를 밟아 개에게 쫓기고, 터덜터덜 걷다가 경찰에게 불심검문까지 당했다. 그야말로 최악의 하루였다.

제1장
3단계 법칙　좋은 글을 쓰기 위한

제2장
질문을 만든다　글을 쓰기에 앞서

제3장
질문 만들기　글쓰기가 쉬워지는

제4장
답한다 　직접 만든 질문에

제5장
문장력 키우기　글의 완성도를 높이는

논리적 연관성을 의식한다

 앞뒤 문장이 연결되어 있는가?

어떤 글이 '읽기 쉬운 글'입니까?

사람마다 의견이 다르겠지만 저는 '논리적으로 연결이 명확한 글'이라고 봅니다. 다음 글을 보십시오.

> 그는 왜 기분이 나빠진 것일까? 왜냐하면 A군에게 "너는 순진하구나"라는 말을 들었기 때문이다.

대강 훑어보기로 이상은 없는 듯한데, 구석구석 뜯어보면 어딘지 어색합니다. 이 글의 문제는 질문과 대답의 '연관성'을 찾기 어렵다는 점입니다. 이 글을 읽으면 "순진하다는 말이 어째서 그의 기분을 상하게 했는가?"라는 '새로운 질문'이 불쑥 튀어나오지 않습니까?

'A이므로 B다'라는 구성의 문장에서 A와 B의 연관성을 한눈에 알아볼 수 있다면 이해하기 쉽고 '좋은 문장'입니다. 반대로 A와 B의 연결점이 명확하지 않다면 '아쉬운 문장'이 되고 맙니다. 요는 글을 읽고 **'새로운 질문이 생겨나는가, 아닌가'**라는 부분입니다.

다음 글을 읽어 봅시다.

> 그는 달리기를 잘하니까 다음 경주에서 1등을 차지할 것이다.

이 글에는 이상한 점이 없습니다.

'그는 달리기를 잘한다'와 '다음 경주에서 1등을 차지할 것이다'라는 요소의 '연관'이 잘 드러나기 때문입니다. 이 글에서는 '새로운 질문'이 발생하지 않습니다.

다음 글은 어떨까요?

그는 다음 경주에서 1등을 차지할 것이다. 왜냐하면 그는 달리기를 잘하기 때문이다.

이해하기도 쉽고 논리적인 내용입니다. 이어서 다음 글을 보십시오.

그는 달리기를 잘하니까 다음 경주에서 2등을 차지할 것이다.

이 글을 읽은 사람은 "달리기를 잘하는데 왜 1등이 아닌 2등이지?" 하고 '새로운 질문'을 품게 됩니다. 논리적 연관성이 살아 있는 글이라면 다음과 같이 2등이라고 쓴 이유를 덧붙여야 합니다.

그는 달리기를 잘한다. 하지만 A군이 더 잘한다. 그러니 다음 경주에서 그는 A군의 뒤를 이어 2등을 차지할 것이다.

이와 같은 요령으로 처음 나온 글을 고쳐 써 보겠습니다. 요점은 "순진하다는 말이 어째서 그의 기분을 상하게 했는가?"라는 '새로운 질문'에 답할 수 있는 문장을 추가하는 것입니다.

그는 왜 기분이 나빠진 것일까? A군에게 "너는 순진하구나"라는 말을 들었기 때문이다. 그런데 순진하다는 말이 어째서 그의 기분을 상하게 했을까? 사실 그는 외국에 살다 와서 우리말을 잘 모른다. 영어권에서 순진하다(naive)는 말은 '세상 물정 모르는 얼간이'라는 의미로 쓰이고는 한다. 따라서 그는 A군이 자신을 비방했다고 생각했기 때문에 기분이 나빠진 것이었다.

이렇게 논리적으로 연결된 글을 쓰는 방법도 역시 '질문'입니다. 질문을 분명히 하면 글도 한층 다듬어지게 마련입니다.

'글 속의 의문점' 찾기

자신의 글을 다른 사람에게 많이 보여 줄수록 '논리적 연관성이 뛰어난 글'을 쓰는 데 도움이 됩니다. 이때 글을 읽은 사람에게는 매번 "이해가 안 되는 부분은 없어?"라고 묻는 습관을 들입시다.

저는 국어 시험에 낸 서술형 문제를 채점할 때도 늘 '글 속의 의문점'을 의식합니다. 답변에 '이해할 수 없는 부분'이 있다면 감점 대상입니다. 논리적 연관성이 부족한 글은 읽는 사람에게도 오롯이 전해지지 않습니다.

국어 과목의 목표 중 하나는, 어떻게 하면 제삼자가 보아도 속속들이 이해되는 글을 쓸 수 있는지 배우는 것입니다. 그러므로 가족이나 친구를 비롯한 주위 사람들에게 자신이 쓴 글을 적극적으로 보여 주는 연습을 합시다. 제삼자의 질문을 듣다 보면 자신의 글에 스스로 질문하는 요령도 점점 깨우치게 됩니다.

그림 5-2 글 속 의문점 찾기

○ 그는 달리기를 잘하니까
다음 경주에서 1등을 차지할 것이다.

'그는 달리기를 잘한다'와 '다음 경주에서 1등을 차지할 것이다'라는
두 문장의 연결이 명확하고 논리적이므로 읽기 쉬운 문장이다.

✕ 그는 달리기를 잘하니까
다음 경주에서 2등을 차지할 것이다.

독자는 '그는 달리기를 잘한다'와 '다음 경주에서 2등을 차지할 것이
다'라는 문장 사이의 '연관성'을 이해할 수 없고 "왜 1등이 아니라 2
등이지?"라는 '새로운 질문'을 떠올리게 되므로, '2등이 될 이유'를
덧붙여야 한다.

그는 달리기를 잘한다. 하지만 A군이 더 잘한다. 그러
니 다음 경주에서 그는 A군의 뒤를 이어 2등을 차지
할 것이다.

접속사를 능숙하게 사용한다

 ## 접속사의 세 가지 역할

문장을 연결하는 중요한 요소가 접속사입니다. **접속사란 이름이 뜻하는 대로 앞 문장과 뒤 문장을 '접속하는' 단어**입니다. 문장과 문장 사이에 '하지만', '그런데', '따라서'처럼 접속사를 넣으면 앞뒤 문장의 관계나 글쓴이의 주장이 더욱 확실히 드러납니다.

예를 들어 이유를 자세히 설명할 때는 '왜냐하면'처럼 인과관계를 연결하는 접속사를 씁니다. 앞에서 말한 것과 다른 내용을 이어 붙이는 역접의 접속사로는 '그러나', '하지만' 등이 있습니다. 앞 내용이 뒤에 이어지는 내용의 원인이나 근거가 된다면 '그래서'를 넣어 알기 쉽게 연결합니다.

질문과 대답을 만들 때도 접속사를 활용하면 읽기 편한 글이 됩니다. 질문과 대답을 통한 글쓰기 관점에서 볼 때 접속사에는 다음의 세 가지 역할이 있습니다.

[접속사의 세 가지 역할]

(역할 1) '질문'과 '대답' 사이를 접속한다

(역할 2) '한 질문'과 '다른 질문' 사이를 접속한다

(역할 3) '대답'끼리 연결해 접속한다

하나씩 순서대로 살펴보겠습니다. 다음 글을 보십시오.

그는 왜 기뻐했는가. **왜냐하면** 좋아하는 여자의 미소를 보았기 때문이다.

"그는 왜 기뻐했는가"라는 질문과 "좋아하는 여자의 미소를 보았기 때문이다"라는 대답 사이에 '왜냐하면'이라는 말을 넣어 "좋아하는 여자의 미소를 보았기 때문이다"라는 문장이 질문에 대한 답이라는 사실을 명확하게 보여 줍니다.

다음 글을 보십시오.

그는 왜 기뻐했는가? 그녀의 미소를 본 덕분이다. 그런데 그는 어째서 그녀의 미소만 보아도 기뻐하는가? 그는 그녀를 좋아하고 그녀가 기뻐하는 모습만 보아도 덩달아 기쁨을 느끼기 때문이다.

"그는 왜 기뻐했는가?"라는 '하나의 질문'과 "그는 어째서 그녀의 미소만 보아도 기뻐하는가?"라는 '새로운 질문'이 접속사 '그런데'로 묶여 있습니다.

다음은 '대답'과 '대답' 사이를 접속하는 역할입니다.

그는 왜 기뻐했는가? 좋아하는 여자의 미소를 보았기 때문이다. 그래서 그녀가 기뻐할 때면 그도 기쁨을 느낀다.

참고로 활용도가 높은 접속사를 일곱 갈래로 분류해 설명하겠습니다.

[접속사 ①] 그리고, 게다가

분류: 더하기

예문: 그는 왜 인기 있는가? 그는 얼굴이 잘생겼다. 그리고 성격도 다정하다.

해설: 앞뒤에 비슷한 내용을 나열할 때 사용하는 접속사입니다. '질문에 대한 답이 두 개 이

제1장
3 단계 법칙
좋은 글을 쓰기 위한

제2장
글을 쓰기에 앞서
질문을 만든다

제3장
질문 만들기
글쓰기가 쉬워지는

제4장
답한다
직접 만든 질문에

제5장
문장력 키우기
글의 완성도를 높이는

상 있을 때도 사용한다'라고 기억해 둡시다.

[접속사 ②] 즉, 이처럼, 마치

분류: 바꿔 말하기, 예를 들어 말하기

예문: 왜 우산을 가져가는 편이 좋을까? 오후에 비가 내릴지도 모른다는 예보가 있었다. 비가 내릴 가능성이 높다는 말은, 즉 우산을 가져가는 편이 좋다는 뜻이다.

해설: 앞뒤 문장이 같은 이야기를 하는데 표현만 바꿔 말할 때 '즉', '이처럼', '마치'를 사용합니다. ①에서 더한 것이 새로운 내용인 데 반해, 바꿔 말할 때는 같은 이야기를 반복하거나 예시를 들어 내용을 발전시킵니다.

[접속사 ③] 그래서, 그러므로, 따라서, 고로

분류: 순접, 인과관계

예문: 그는 왜 인기 있는가? 그는 얼굴이 잘생겼다. 그리고 성격도 다정하다. 그래서 인기가 있다.

해설: 앞 문장이 원인이 되어 뒤 문장의 결과를 낳을 때 '그래서', '그러므로'를 사용합니다. 제3장에서 설명한 '무엇을?'이라는 질문을 쓸 때 인과관계를 보여 주는 접속사로 활용합시다.

[접속사 ④] 그러나, 그렇지만, 하지만

분류: 역접

예문: 왜 우산을 가져가는 편이 좋을까? 분명 비는 아직 내리지 않는다. 그러나 오후에 내릴지도 모른다는 예보가 있었다.

해설: 앞 문장보다는 뒤 문장이 정말로 말하고 싶은 내용이며, 앞뒤 문장이 서로 반대되는 내용일 때 '그러나', '그렇지만'을 사용합니다. '세상에 널리 알려지지 않은 사실'이나 '일

반 상식처럼 여겨지는 사실'을 반대할 때 쓰이므로 필자가 정말 하고자 하는 이야기는 뒤쪽에 놓인 문장인 경우가 많습니다.

[접속사 ⑤] 또는, 아니면, 한편으로, 동시에

분류: 선택, 대비

예문: A군은 어떤 사람일까? 그는 근면 성실하다. 한편으로 친구와 어울려 놀 때는 장난도 잘 치고 활발한 모습도 보인다. 종합하면 좋은 사람인 것 같다.

해설: 서로 다른 내용을 나란히 놓고 비교, 대조할 때 사용하는 접속사입니다. 제3장에 나온 '비교' 유형에 활용할 수 있습니다.

[접속사 ⑥] 다만, 오히려, 참고로

분류: 부연 설명

예문: A군은 어떤 사람일까? 그는 친절하다. 다만 조금 소심한 것처럼 보이기도 한다. 그래도 성실해서 괜찮은 사람이라고 생각한다.

해설: 앞뒤 문장이 반대되는 내용이며, 뒤쪽 문장이 앞 내용을 보충 설명하는 구조일 때 사용합니다. '역접'과 착각하기 쉬우므로 주의가 필요합니다. 뒤 문장은 사실 반드시 알아야 할 내용이 아닐 수도 있지만 일단은 적어 둔다는 인상을 줍니다.

[접속사 ⑦] 왜냐하면, 왜 그런가 하면, 그 이유는

분류: 원인, 이유

예문: 그는 왜 인기 있는가? 왜냐하면 잘생겼기 때문이다.

해설: 앞 문장에 결과가 나오고 뒤 문장에서 그 이유를 설명할 때 사용합니다. 주로 질문과 대답 사이에 들어가며 주장을 한층 상세히 전달하는 데 쓰입니다. '왜냐하면'과 '~이기 때문이다'가 문장 안에서 한 쌍처럼 쓰일 때가 많습니다.

그림 5-3　접속사의 종류

접속사 ① 그리고, 게다가

분류: 더하기

예문: 그는 왜 인기 있는가? 그는 얼굴이 잘생겼다. 그리고 성격도 다정하다.

접속사 ② 즉, 이처럼, 마치

분류: 바꿔 말하기, 예를 들어 말하기

예문: 왜 우산을 가져가는 편이 좋을까? 오후에 비가 내릴지도 모른다는 예보가 있었다. 비가 내릴 가능성이 높다는 말은, 즉 우산을 가져가는 편이 좋다는 뜻이다.

접속사 ③ 그래서, 그러므로, 따라서, 고로

분류: 순접, 인과관계

예문: 그는 왜 인기 있는가? 그는 얼굴이 잘생겼다. 그리고 성격도 다정하다. 그래서 인기가 있다.

접속사 ④ 그러나, 그렇지만, 하지만

분류: 역접

예문: 왜 우산을 가져가는 편이 좋을까? 분명 비는 아직 내리지 않는다. 그러나 오후에 내릴지도 모른다는 예보가 있었다.

접속사 ⑤ 또는, 아니면, 한편으로, 동시에

분류: 선택, 대비

예문: A군은 어떤 사람일까? 그는 근면 성실하다. 한편으로 친구와 어울려 놀 때는 장난도 잘 치고 활발한 모습도 보인다. 종합하면 좋은 사람인 것 같다.

접속사 ⑥ 다만, 오히려, 참고로

분류: 부연 설명

예문: A군은 어떤 사람일까? 그는 친절하다. 다만 조금 소심한 것처럼 보이기도 한다. 그래도 성실해서 괜찮은 사람이라고 생각한다.

접속사 ⑦ 왜냐하면, 왜 그런가 하면, 그 이유는

분류: 원인, 이유

예문: 그는 왜 인기 있는가? 왜냐하면 잘생겼기 때문이다.

질문을 나열한다

제1장
좋은 글을 쓰기 위한 3단계 법칙

제2장
글을 쓰기에 앞서 질문을 만든다

제3장
글쓰기가 쉬워지는 질문 만들기

제4장
직접 만든 질문에 답한다

제5장
글의 완성도를 높이는 문장력 키우기

 '답을 아는 질문'을 일부러 늘어놓는다

이어서 **'질문 나열'** 기술을 소개합니다. 다음 글을 보십시오.

공부할 때 음악을 들어도 좋을까요? 만약 공부하면서 텔레비전을 본다면 왜인지 몰라도 효율이 떨어질 듯합니다. 텔레비전 내용이 공부에 집중하는 것을 방해할 테니까요. 비슷한 이유로 공부하면서 옆 사람과 떠든다면 말하는 데 정신이 팔려 공부에 집중하기 어려울 것입니다. 다시 음악 이야기로 돌아와, 음악은 텔레비전을 보거나 수다를 떨 때만큼 공부에 지장을 주지는 않을 듯합니다.

이것은 "공부할 때 음악을 들어도 좋은가?"라는 질문의 대답을 찾기 위한 글입니다. 원하는 답을 찾는 과정에서 '답을 이미 아는 질문들을 구태여 나열한다'라는 기술을 썼습니다. 이것이 **'질문 나열'**입니다.

두 번째, 세 번째 질문에 답하는 사이에 '실제로 답을 찾고 있는 질문'의 모습이 구체적이고 선명하게 드러납니다. 질문을 나열하는 기교를 부리면 글에 깊이가 더해집니다.

그림 5-4 | **질문 나열**

질문 1

질문 A의 대답은? ➡ (의도적으로 답을 잠시 미룬다)

질문 2

B의 대답은? ➡ "A2 ○○○"

질문 3

C의 대답은? ➡ "A3 ○○○"

질문 4

B와 C의 대답을 보고,
하던 이야기로 돌아가 A의 대답은? ➡ "A1 ○○○"

오답을 나열한다

제1장
3단계 법칙
좋은 글을 쓰기 위한

제2장
글을 쓰기에 앞서
질문을 만든다

제3장
글쓰기가 쉬워지는
질문 만들기

제4장
직접 만든 질문에
답한다

제5장
글의 완성도를 높이는
문장력 키우기

 정답을 돋보이게 하는 법

앞에서 배운 '질문 나열'을 응용해 다음과 같은 글쓰기도 가능합니다.

> 이 가게에는 왜 단골손님이 많은가? 이 가게는 상당히 한적한 장소에 있고, 광고를 내걸어 손님을 불러 모으지도 않는다. 그런데도 어째서 이렇게 단골이 많을까? 아마도 맛있기 때문일 것이다.

"이 가게에는 왜 단골손님이 많은가?"라는 질문을 던진 뒤 그 답이 '장소'나 '광고' 덕분은 아니라고 부정합니다. 이것이 **'오답 나열'**입니다. '오답 나열'을 사용하면 정답이 한결 돋보입니다. '질문 나열'처럼 글에 깊이를 더하는 데도 효과적입니다.

참고로 오다 에이치로의 만화 『원피스』16권에 '오답 나열'을 사용한 명장면이 있습니다. 닥터 히루루크라는 인물이 다음과 같이 말하는 장면입니다.

> 사람이 '언제' 죽는다고 생각하는가…?
>
> 총알에 심장이 뚫렸을 때…? 아니.
>
> 불치병에 걸렸을 때…? 아니.
>
> 맹독 버섯 수프를 마셨을 때…? 아니야!

사람들에게 잊혔을 때다!

이 장면은 "사람은 언제 죽는가?"라는 질문으로 시작합니다. 뒤이어 '총알에 심장이 뚫렸을 때', '불치병에 걸렸을 때', '맹독 버섯 수프를 마셨을 때'라는 세 가지 오답을 늘어놓습니다. 그리고 결정적인 순간에 '사람들에게 잊혔을 때'라는 정답을 꺼내 듭니다.

이렇게 오답을 나열하면 '사람들에게 잊혔을 때'라는 정답에 더욱 무게가 실립니다.

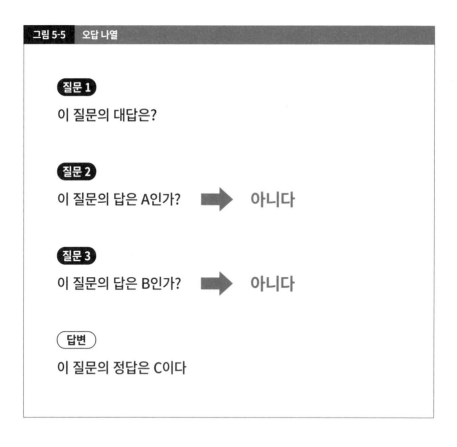

그림 5-5   오답 나열

질문 1
이 질문의 대답은?

질문 2
이 질문의 답은 A인가? ➡ 아니다

질문 3
이 질문의 답은 B인가? ➡ 아니다

답변
이 질문의 정답은 C이다

간단한 퀴즈를 나열한다

제1장
3단계 법칙 좋은 글을 쓰기 위한

제2장
글을 쓰기에 앞서 질문을 만든다

제3장
글쓰기가 쉬워지는 질문 만들기

제4장
직접 만든 질문에 답한다

제5장
글의 완성도를 높이는 문장력 키우기

 ## 또 다른 나열 기술

문장을 나열하는 방법 중에는 **'간단 퀴즈 나열'**도 있습니다. 이때 나열할 퀴즈 문제는 '대답이 무엇인지 이미 아는 질문'이라도 상관없습니다.

다음 글은 부모가 장난감을 함부로 다루는 아이를 타이르는 내용입니다.

> 방금 로봇을 세게 집어던졌지? 그러면 안 돼. 던지고도 조금 찜찜하지 않았니? 만약 로봇이 네 친구였다면 그렇게 함부로 대했을까? 마구 밀치고 때리기도 하면서? 아니잖아? 로봇 장난감도 우리 친구야. 그러니까 장난감을 아무렇게나 다루면 못 써.

앞의 글은 "왜 장난감을 함부로 다루면 안 될까?"라는 질문에 대해 아이에게 답을 알려 주고 있습니다. 이때 답은 '장난감도 친구니까'입니다. 하지만 이대로는 "왜 장난감을 함부로 다루면 안 될까? 장난감도 친구니까"라는 주장으로 끝입니다.

장난감은 인간이 아니며 어디까지나 물건에 지나지 않으므로 장난감과 친구 사이의 논리적 연관성을 강화하는 편이 좋을 것입니다. 그럴 때 "네 친구였다면 그렇게 함부로 대했을까?" "아니잖아?"처럼 쉬운 퀴즈 문답을 사이에 추가합니다.

그림 5-6   간단 퀴즈 나열

질문 1

질문 A의 대답은?   ➡   (의도적으로 답을 잠시 미룬다)

질문 2

질문 B의 대답은?   ➡   C (이것은 명백한 답)

질문 3

질문 A와 질문 B는 본질이 같으므로,
처음으로 되돌아가 질문 A의 대답은?   ➡   C

제1장
3단계 법칙
좋은 글을 쓰기 위한

제2장
글을 쓰기에 앞서
질문을 만든다

제3장
질문 만들기
글쓰기가 쉬워지는

제4장
답한다
직접 만든 질문에

제5장
문장력 키우기
글의 완성도를 높이는

보류

 상대방의 의견을 일단 받아들인다

다음으로는 **'보류'** 기술을 설명하겠습니다. 다음 글을 보십시오.

물론 이 책은 두껍다. **하지만** 그런 만큼 읽을거리가 풍부하다.

'물론'이라는 말로 상대방의 의견을 일단 받아들인 후, '하지만'이라고 자신의 의견을 이어가는 것이 보류입니다.

글쓰기 방법을 가르치는 책에서는 보류 기술을 추천하는 경우가 많은 모양입니다. 그러나 보류를 마구잡이로 사용하는 것은 위험한 습관입니다. '이 책은 읽을거리가 풍부하다'라는 장점을 전달하고 싶은데 '물론 이 책은 두껍다'라는 단점부터 설명하기 때문입니다. 상대방이 단점만 받아들여 "그렇게 두꺼운 책은 필요 없어" 하고 나올지도 모릅니다. 보류를 적용할 곳을 신중히 고민하지 않으면 그저 단점만 말한 사람이 되고 맙니다.

그렇다고 해서 약점만 있다면 사람들이 보류를 추천할 리 없습니다. 당연히 강점도 있습니다. **'보류를 사용하면 뒤에 오는 문장이 더욱 눈길을 끈다'**라는 점입니다.

앞의 글은 첫 문장으로 '물론 이 책은 두껍다'를 말하고 '하지만 그런 만큼 읽을거리가 풍부하다'라고 이어 썼습니다. 독자 입장에서는 그 책에 대한 인상이 마이너스 50점에서 플러스 70점으로 올라가고, 두 점수 사이에 120점만큼의 차이가 발생합니다. 단순히 '이 책은 읽을

그림 5-7   보류

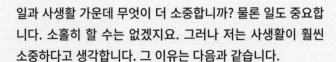

물론 이 책은 두껍다. 하지만 그런 만큼 읽을거리가 풍부하다.

'물론'이라는 말로 상대방의 의견을 일단 받아들인 후, '하지만'이라고 자신의 의견을 이어 가는 기술을 보류라고 합니다. 보류를 사용하면 '하지만' 뒤에 오는 문장에 주목하게 됩니다.

• '질문과 대답으로 글쓰기' 시점에서 본 '보류의 구조'

일과 사생활 가운데 무엇이 더 소중합니까? 물론 일도 중요합니다. 소홀히 할 수는 없겠지요. 그러나 저는 사생활이 훨씬 소중하다고 생각합니다. 그 이유는 다음과 같습니다.

질문

일과 사생활 가운데 무엇이 더 소중합니까?

답변 ①: 오답

물론 일도 중요합니다. 소홀히 할 수는 없겠지요.

답변 ②: 정답

그러나 저는 사생활이 훨씬 소중하다고 생각합니다.

거리가 풍부하다'라고만 썼더라도 플러스 70점은 받았겠지만, 보류 구조는 처음에 마이너스 점수를 발생시킴으로써 격차를 더욱 벌리는 셈입니다.

평범한 일상 속 갑자기 예상치 못한 사건이 일어나면 사람들은 깜짝 놀라지 않습니까? 일상과의 '격차'가 클수록 놀라움도 커집니다. 혹은 철석같이 믿고 있던 상식이 사실은 틀린 내용이었음을 깨달았을 때도 진실과 착각 사이의 '격차'가 크면 클수록 깨달음이 커집니다. 그런 '격차'를 최대로 살릴 수 있는 순간에 '보류'를 사용합니다. 보류의 앞뒤 문장 사이에 잘 계산된 격차를 배치하면 이러한 연출이 큰 효과를 발휘할 것입니다.

지금까지 배운 질문과 대답으로 글쓰기 시점에서 보류를 살펴보겠습니다. 다음 글을 읽어보십시오.

일과 사생활 가운데 무엇이 더 소중합니까? 물론 일도 중요합니다. 소홀히 할 수는 없겠지요. 그러나 저는 사생활이 훨씬 소중하다고 생각합니다. 그 이유는 다음과 같습니다.

질문의 대답으로 '오답'과 '정답'을 준비합니다. 그리고 '오답'에 대해 "물론 그렇게 생각하는 것도 이해는 한다"라고 인정한 뒤, 접속사 '그러나'로 연결합니다. 뒤의 문장에 '정답'을 넣어 "이쪽이 정답이랍니다"라고 이어 씁니다.

'두 가지 대답을 나열한다'라는 방법은 앞에서 설명한 '오답 나열' 응용편입니다. 다음 글을 봅시다.

만약 '요점 정리가 잘 되어 있어 편리한 참고서'와 '요점 정리가 따로 없어 스스로 요약해야 하는 참고서'가 있다면 어느 쪽 참고서를 선택하겠습니까? 아마도 누구나 '요점 정리가 잘 되어 있어 편리한 참고서'라고 답할 것입니다. 그러나 성적을 올리고 싶다면 '요점 정리가 따로 없어 스스로 요약해야 하는 참고서'가 더 좋을 수도 있습니다. 정말 그럴까 의심스럽겠지만, 사실은 다음과 같은 원리가 존재합니다.

그림 5-8　오답 나열을 응용한 보류

만약 '요점 정리가 잘 되어 있어 편리한 참고서'와 '요점 정리가 따로 없어 스스로 요약해야 하는 참고서'가 있다면 어느 쪽 참고서를 선택하겠습니까? 아마도 누구나 '요점 정리가 잘 되어 있어 편리한 참고서'라고 답할 것입니다. 그러나 성적을 올리고 싶다면 '요점 정리가 따로 없어 스스로 요약해야 하는 참고서'가 더 좋을 수도 있습니다. 정말 그럴까 의심스럽겠지만, 사실은 다음과 같은 원리가 존재합니다.

질문

'요점 정리가 잘 되어 있는 참고서'와
'요점 정리가 따로 없는 참고서' 중에 무엇이 더 좋은가?

오답

누구나 '요점 정리가 잘 되어 있는 참고서'를 좋아한다.

정답

'요점 정리가 따로 없는 참고서'가 더 좋다.

오답 나열을 응용한 보류 구조에서는
질문에 대해 오답을 먼저 제시하고
그 뒤에 진짜 정답을 말한다

이 글은 '오답 나열'을 활용해 '보류'하고 있습니다. "요점 정리가 잘 되어 있는 참고서와 요점 정리가 따로 없는 참고서 중에 무엇이 좋은가?"라는 질문에 "누구나 요점 정리가 잘 되어 있는 참고서를 좋아한다"라는 오답을 제시하고, "요점 정리가 따로 없는 참고서가 더 좋다"라고 정답을 이야기합니다.

제1장
좋은 글을 쓰기 위한
3단계 법칙

제2장
글을 쓰기에 앞서
질문을 만든다

제3장
글쓰기가 쉬워지는
질문 만들기

제4장
직접 만든 질문에
답한다

제5장
글의 완성도를 높이는
문장력 키우기

단문, 중문, 복문의 차이를 의식한다

 문장의 세 종류를 이해한다

글쓰기 실력을 더욱더 갈고닦으려면 '문장'을 잘 알아야 하는데, 문장에도 여러 가지 종류가 있습니다. 문장에 쓰인 주어와 서술어 종류에 따라 문장의 명칭도 바뀝니다.

우선 문장을 만들 때는 '주어'와 '서술어'가 필요합니다. 문장에서 주어는 '그는(그가)'이나 '무엇은(무엇이)'에 해당하는 부분입니다. 그리고 주어를 받아 '~한다(했다)'라고 설명하는 부분을 서술어라고 합니다.

보통 문장은 '주어'와 '서술어' 두 가지 성분으로 구성됩니다. '나는 달렸다'라는 문장에서 '나는'이 주어, '달렸다'가 서술어입니다. 그리고 이를 자세히 수식하는 '관형어'나 '부사어'도 있습니다. '나는 힘차게 달렸다'에서는 '달렸다' 바로 앞에 오는 '힘차게'가 부사어입니다.

이러한 문장성분을 조합해 문장을 다양하게 꾸밀 수 있습니다. 다음 항목에서는 단문, 중문, 복문에 관해 설명하겠습니다.

 (문장 종류 ①) 단문

먼저 '단문(單文)'입니다. **단문은 주어와 서술어가 하나인 문장**입니다. '나는 책을 좋아합니다', '그는 선생님입니다'처럼 주어와 서술어가 각각 하나씩 조합된 문장을 말합니다. 단문은 모든 문장의 기초이며 읽고 쓰기도 쉽습니다.

뒤에서 이유를 설명하겠지만, 저는 단문 중심으로 글을 쓰는 것이 가장 좋다고 생각합니다. 그러나 단문 위주의 글은 독자가 볼 때 유치하다고 느낄 우려도 있습니다. 다음의 두 글을 읽고 비교해 보십시오.

- 오늘은 비가 내렸다. 산책은 그만두었다. 대신 집에 있었다. 친구가 놀러 왔다. 게임 대결을 펼쳤다. 내가 이겼다. 기분이 좋았다.
- 오늘은 비가 내려 산책을 나서지 않았다. 그 대신 집에서 보내기로 했다. 마침 친구가 놀러 와서 게임 대결을 펼쳤는데, 내가 이겨 기분이 좋았다.

두 번째 글이 읽기에도 더 편할뿐더러 완성도가 높은 것처럼 보이지 않습니까? 왜냐하면 접속사나 기타 문장성분을 활용해 단문이 아닌 문장으로 구성한 글이기 때문입니다. 사람들이 꿈꾸는 '좋은 글'은 첫 번째 글보다는 두 번째에 가까울 것입니다.

 (문장 종류 ②) 중문

다음으로 '중문(重門)'을 소개합니다. **중문이란 주어와 서술어가 두 개 이상 있으며 대등하게 이어진 문장**을 말합니다. 다음 글을 읽어 봅시다. 둘 다 중문입니다.

- 나는 책을 읽고, 그는 게임을 한다.
- 그녀의 취미는 자전거 타기고, 직업은 운동 강사고, 특기는 요리입니다.

첫 번째 문장은 주어와 서술어가 두 개씩이고 두 번째 문장은 세 개씩입니다.

중문은 언뜻 복잡한 구조처럼 보이지만 구조가 같은 단문을 두 개 이상 늘어놓은 것에 지나지 않으므로 비교적 쓰기 쉬운 문장에 속합니다. 이론상 연결하는 문장 수에 제한은 없으므로 길이를 끝없이 늘릴 수도 있습니다. 다만 세 문장 이상 연결한다면 독자 입장에서 한 줄이 너무 길다고 느낄 위험도 있습니다. 그러므로 중문을 만들 때는 두 문장 정도만을 사용해, 주어 두 개와 서술어 두 개 구성으로 마무리하기를 추천합니다.

(문장 종류 ③) 복문

마지막으로 '복문(複文)'을 설명하겠습니다. **복문은 중문처럼 두 개 이상의 주어와 서술어로 이루어진 문장**입니다. 그러나 중문과 달리 연결된 문장 사이에 힘의 관계가 존재합니다. 다음 예문을 보십시오.

- 준비에 시간이 걸려 출발이 늦었다.
- 나는 그의 일이 잘 풀리지 않는다는 사실을 알고 있다.

첫 번째 문장에는 '준비에 시간이 걸렸다'와 '출발이 늦었다'라는 문장 두 개가 들어 있습니다. 그런데 두 문장은 대등하지 않습니다. 주가 되는 문장은 '출발이 늦었다'입니다. '준비에 시간이 걸렸다'는 '출발이 늦었다'의 이유를 보충 설명하는 재료로 사용되었습니다.

두 번째 문장은 '나는 알고 있다'의 목적어로 '그의 일이 잘 풀리지 않는다는 사실'이 쓰였습니다. '그의 일이 잘 풀리지 않는다'도 주어와 서술어로 이루어진 문장이지만 '나는 알고 있다'와 대등한 관계는 아니며 이 문장 속에 안겨 있습니다.

복문은 실로 활용도가 높습니다. 복문의 활용 범위는 단문이나 중문과는 비교할 수 없이 넓으므로 복문을 얼마나 활용하느냐에 따라 표현력의 폭도 달라집니다.

단문, 중문, 복문을 적절히 섞는 것이 좋은 글을 쓰는 비결이라고 할 수 있습니다. 하지만 일단은 단문 중심으로 글 한 편을 완성하는 연습부터 시작하고, 중문이나 복문은 어디까지나 글을 강조하는 용도로 생각하면 좋겠습니다.

그림 5-9　문장의 종류

제1장
좋은 글을 쓰기 위한
3단계 법칙

제2장
글을 쓰기에 앞서
질문을 만든다

제3장
글쓰기가 쉬워지는
질문 만들기

제4장
직접 만든 질문에
답한다

제5장
글의 완성도를 높이는
문장력 키우기

문장 종류 ① 단문

주어와 서술어가 하나씩인 문장

[단문 예시]

> 오늘은 비가 내렸다. 산책은 그만두었다. 대신 집에 있었다.
> 친구가 놀러 왔다. 게임 대결을 펼쳤다. 내가 이겼다. 기분이
> 좋았다.

문장 종류 ② 중문

주어와 서술어가 두 개 이상 있으며 대등하게 연결된 문장

[중문 예시]

> 나는 책을 읽고, 그는 게임을 한다.

문장 종류 ③ 복문

중문처럼 두 개 이상의 주어와 서술어로 이루어진 문장

[복문 예시]

> 준비에 시간이 걸려 출발이 늦었다.

질문과 대답이 합쳐진 복문

 복문에는 질문과 대답이 숨어 있다

앞에서 예시로 들었던 '준비에 시간이 걸려 출발이 늦었다'라는 문장에는 "왜 출발이 늦어졌는가?"라는 질문과 "준비에 시간이 걸렸다"라는 대답이 숨어 있습니다.

'나는 그의 일이 잘 풀리지 않는다는 사실을 알고 있다'에도 "나는 무엇을 알고 있는가?"라는 질문과 "그의 일이 잘 풀리지 않는다는 사실"이라는 대답이 들어 있습니다.

이처럼 복문은 '질문과 대답이 합쳐진 문장'입니다.

제1장
좋은 글을 쓰기 위한
3단계 법칙

제2장
글을 쓰기에 앞서
질문을 만든다

제3장
글쓰기가 쉬워지는
질문 만들기

제4장
직접 만든 질문에
답한다

제5장
글의 완성도를 높이는
문장력 키우기

그림 5-10 | 복문이란?

> 복문
> 두 개 이상의 주어와 서술어로 이루어진 문장을 말하지만 '질문과 대답이 합쳐진 문장'으로 이해할 수도 있다

[복문 예시 1]

준비에 시간이 걸려 출발이 늦었다.

질문 왜 출발이 늦어졌는가?

(답변) 준비에 시간이 걸렸다

[복문 예시 2]

나는 그의 일이 잘 풀리지 않는다는 사실을 알고 있다.

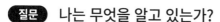

질문 나는 무엇을 알고 있는가?

(답변) 그의 일이 잘 풀리지 않는다는 사실

주어와 서술어를 의식한다

 주어와 서술어의 관계를 명확히 한다

이번에는 글을 구성하는 '문장'에 관해 더욱 자세히 알아봅시다. 앞에서 간단히 설명했듯이 문장의 구성성분 중 '주어'와 '서술어'를 의식하면 글쓰기가 쉬워집니다.

주어는 '나는', '그가'와 같은 '동작의 주체'를 가리키고, 서술어는 '씻었다', '걷어찼다', '○○입니다'처럼 '동작의 상태'를 가리키는 말입니다. 그 밖에도 '목적어'나 '관형어' 등이 있습니다. '목적어'는 '과자를', '탁자를'처럼 '동작의 대상'을 가리키는 말입니다. '관형어'는 앞에서 말한 어느 역할도 아니며 '문장에 요소를 추가'하는 데 쓰입니다. '맛있는 과자', '근사한 탁자'라고 할 때의 '맛있다'나 '근사하다'처럼 다른 말을 꾸미는 식입니다.

모두 중요한 요소지만 글쓰기 꿈나무가 알아야 할 문장성분은 '주어'와 '서술어'입니다. '누가', '무엇을 했는가'만 의식하면서 써도 글의 완성도는 몰라보게 높아집니다. 여기서 글의 완성도는 얼마나 읽기 쉬운가, 즉 독자에게 내용이 쉽게 전달되는가를 기준으로 합니다.

주어나 서술어와 달리 관형어는 남발하지 않는 편이 좋습니다. 문장을 구성할 때 중요한 부분부터 차근차근 몸에 익히도록 합시다. 다음 글을 보십시오.

1. 요리하는 도중에 재료를 잘못 보고 소금 대신 설탕을 넣어서 간을 보던 순간의 충격은 잊을 수 없다.

2. 어제 오후 공원에서 산책하다가 옆집 담벼락을 뛰어넘는 고양이를 보았는데 갑자기

비가 쏟아졌다.

두 문장 모두 정돈되지 않고 횡설수설하는 느낌이 듭니다. 그런 느낌이 드는 이유는 이들 문장에서 **주어와 서술어의 관계를 특정하기 어렵기 때문입니다. 주어와 서술어가 또렷하지 않고 헷갈리는 문장을 읽으면 독자는 '무슨 말을 하려는지 모르겠다'라고 느낍니다.**

첫 번째 문장의 주어는 '충격은'이고 서술어는 '잊을 수 없다'입니다. 즉 '무언가에 놀라서 인상 깊었다'라는 말을 전하고자 하는 문장입니다. 요리 자체는 주제가 아닙니다. 그런데 이 문장에서는 먼저 '요리하는 도중에…'라는 부분이 눈에 들어와 마치 요리를 주제로 쓴 글처럼 보입니다. 하지만 끝까지 읽어 보면 '충격은 잊을 수 없다'라고 마무리되고, 독자는 그제야 간신히 '자신의 경험담과 당시 감정을 이야기하는 글이었구나' 하고 알아차릴 수 있습니다.

두 번째 문장도 상황은 비슷합니다. '어제 오후 공원에서 산책하다가…'라는 도입부, 고양이 이야기, '비가 쏟아졌다'라는 마무리 구성입니다. 물론 산책길에 비가 내리는 경우도 아예 없지는 않겠지만, 이 문장은 산책 이야기에서 고양이를 발견한 이야기로 흘러가 비가 내렸다고 끝나면서 '도대체 무슨 말을 하고 싶은데?'라는 감상만 남깁니다. 산만한 인상을 주는 문장입니다.

 ## 주어와 서술어 사용 시 주의점

다음의 두 가지 주의점을 꼭 기억합시다.

첫째로 **'주어는 가능한 한 앞에 둔다'**입니다. 주어가 항상 문장 앞에 있어야 하는 것은 아닙니다. 의도적으로 주어를 뒤쪽에 배치하는 경우도 있습니다. 하지만 글쓰기에 능숙하지 않은 사람은 가능하면 주어를 앞에 놓는 편이 좋습니다. 독자 입장에서는 주어가 먼저 나와야 문장을 파악하기 수월합니다.

둘째로 **'주어와 서술어가 호응하도록 한다'**입니다. '주어와 서술어가 호응하지 않는 상태'

제1장
좋은 글을 쓰기 위한
3단계 법칙

제2장
글을 쓰기에 앞서
질문을 만든다

제3장
글쓰기가 쉬워지는
질문 만들기

제4장
직접 만든 질문에
답한다

제5장
글의 완성도를 높이는
문장력 키우기

란 먼저 나온 주어와 어울리지 않는 서술어가 쓰인 상황을 말합니다.

'나의 꿈은 요리사가 되어 전 세계를 오갈 것이다'라는 문장은 올바르지 않습니다. '나의 꿈은'이라고 시작한 문장은 '전 세계를 오가는 요리사가 되는 것'이나 '요리로 세계 최고라 불리는 것'처럼 맺어야 자연스럽습니다. 반대로 '전 세계를 오갈 것이다'라고 끝나는 문장이라면 '나는 언젠가 일류 요리사가 되어'처럼 시작하는 것이 어울립니다. 이렇게 연결된 문장은 '주어와 서술어가 호응하는 상태'입니다.

한편 문법 면에서는 틀리지 않는데 이해하기 어려운 문장도 있습니다. 다음 글을 보십시오.

매장에 새로 나온 케이크를 먹어 본 친구가 맛있었다고 하는 말을 어제 들었는데 아직 먹어 보지 못해서 무슨 맛인지 궁금하다.

주어는 '케이크를 먹어 본 친구가…'인데 전체 문장은 '무슨 맛인지 궁금하다'라고 끝나, 문장의 앞뒤가 맞물리지 않는 느낌을 줍니다. 이런 문장은 처음에 제시한 주어에 대응하는 서술어를 최대한 빠르게 배치해 문장을 일단 한 번 끊어야 합니다.

이때 중요한 것이 지금껏 내내 강조한 질문과 대답입니다. 질문이 무엇인지 들여다보면 자연히 '주어'와 '서술어'를 찾을 수 있습니다. 이 문장에는 먼저 "나는 무엇이 궁금한가?"라는 질문이 있습니다. 대답은 "매장에 새로 나온 케이크 맛이 궁금하다"입니다. 또 "매장에 새로 나온 케이크 맛이 왜 궁금한가?"라는 질문이 있고, 그에 대해 "먹어 본 친구가 맛있었다고 하는 말을 어제 들었는데 아직 먹어 보지 못해서"라는 대답이 존재합니다.

이미 배운 복문의 특징을 활용해 두 질문을 합치고 사이에 접속사를 넣어 매끄럽게 다듬으면 다음과 같은 글이 됩니다.

나는 매장에 새로 나온 케이크 맛이 궁금하다. **왜냐하면** 그 케이크를 먹어 본 친구가 맛있었다고 하는 말을 어제 들었는데 아직 먹어 보지 못했기 때문이다.

그림 5-11 주어와 서술어 사용 시 주의점

주의점 ① 주어는 가능한 한 앞에 둔다

주어가 항상 문장 앞에 있어야 하는 것은 아니지만, 글쓰기가 서툰 사람은 가능하면 앞에 놓는 편이 좋다.

 비가 와도 우산을 A씨는 쓰지 않을 때가 많다.

 A씨는 비가 와도 우산을 쓰지 않을 때가 많다.

주의점 ② 주어와 서술어가 호응하도록 한다

주어와 어울리지 않는 서술어가 쓰이면 '호응하지 않는 상태'가 된다. 주어와 서술어가 호응해야 문장을 읽기 편하다.

 나의 꿈은 요리사가 되어 전 세계를 오갈 것이다.

 나의 꿈은 전 세계를 오가는 요리사가 되는 것이다.

 나는 언젠가 일류 요리사가 되어 전 세계를 오갈 것이다.

질문과 대답을 중심으로 내용을 정리하니 이해하기 쉬운 글로 바뀌었습니다. 이처럼 하나의 질문에 대해 주어와 서술어는 기본적으로 하나씩입니다. "왜 나는 매장에 새로 나온 케이크 맛이 궁금한가?"처럼 주어나 서술어가 여러 개 들어간 질문을 만들면 글도 쓰기 어려워집니다. 글을 쓸 때는 주어와 서술어가 하나씩만 들어간 질문과 대답을 만드는 것도 중요합니다.

제1장
3 좋은 글을 쓰기 위한
단 계
법
칙

제2장
질 글을 쓰기에 앞서
문
을
만
든
다

제3장
질 글쓰기가 쉬워지는
문
만
들
기

제4장
답 직접 만든 질문에
한
다

제5장 글의 완성도를 높이는
문
장
력
키
우
기

그림 5-12 | 질문과 대답을 중심으로 내용을 정리한다

 매장에 새로 나온 케이크를 먹어 본 친구가 맛있었다고 하는 말을 어제 들었는데 아직 먹어 보지 못해서 무슨 맛인지 궁금하다.

문장이 복잡하게 꼬여 있으므로
내용을 질문과 대답 형태로 정리한다

질문 1 나는 무엇이 궁금한가?

답변 1 매장에 새로 나온 케이크 맛이 궁금하다

질문 2 왜 매장에 새로 나온 케이크 맛이 궁금한가?

답변 2 먹어 본 친구가 맛있었다고 하는 말을 어제 들었는데, 아직 먹어 보지 못해서

위의 두 가지 질문과 그 대답을
접속사(왜냐하면)로 연결해 합친다

 나는 매장에 새로 나온 케이크 맛이 궁금하다. 왜냐하면 그 케이크를 먹어 본 친구가 맛있었다고 하는 말을 어제 들었는데, 아직 먹어 보지 못했기 때문이다.

문장력의 비결은 요약하는 힘

 ## 명문대 입시 문제로 배우는 요약의 힘

"글을 잘 쓰게 되는 비밀 훈련 같은 것은 없나요?"

학생들이 종종 그렇게 묻습니다. 그래서 마지막으로 문장력을 키우는 구체적인 훈련법을 소개하고자 합니다. 결론부터 말하면 제가 추천하는 문장력 훈련 방법은 '요약'입니다. 근거는 일본 명문 대학인 도쿄대 입시 문제에서 찾을 수 있습니다. 자세히 설명하겠습니다.

도쿄대 입학시험이 일본에서 가장 어렵다고 일컬어지는 이유는 전 과목에서 거의 서술형 문제가 출제되기 때문입니다. 보통의 국어 시험 문제는 선택지를 주고 답을 고르게 하는 경우가 많습니다. 반면 도쿄대 입시에는 선택형 문제가 하나도 없습니다. 도쿄대 입시 문제는 이유를 묻고 설명을 요구하는 서술형으로만 구성되어 있습니다.

국어뿐 아니라 영어, 과학, 사회 과목에서도 "왜 그런지 30자 이내로 설명하시오"라는 서술형 문제가 대량 출제됩니다. 수학에서도 문제별로 풀이 과정과 계산식, 그렇게 풀이한 이유를 모두 적어야 합니다. 그야말로 전 과목에서 서술형 문제가 나오는 셈입니다. 모든 문제를 서술형으로 답해야 한다니, 생각만 해도 눈앞이 아득해지지요?

게다가 이것으로 끝이 아닙니다. 도쿄대 입시가 정말 어려운 이유는 따로 있습니다. 실제 서술형 문제를 많이 내는 대학이라면 도쿄대 외에도 여러 곳이 있습니다. 그런데 도쿄대 서술 문제에는 중대한 '제한'이 하나 붙습니다. 그것은 바로 글자 수 제한입니다.

"왜 그런지 30자 이내로 설명하시오."

"이는 무엇을 말하는지 60자 이내로 답하시오."

이런 식으로 서술형 문제에는 글자 수 제한이 걸려 있습니다. 정말이지 어려운 조건입니다. "1,000자 이상으로 설명하면 간단할 텐데 60자는 너무 짧아!"라고 비명을 지르는 수험생이 속출할 만큼 엄격한 제한입니다.

일반적으로 서술형 문제는 오히려 '길게 쓴 답'을 원하는 경우가 많습니다. 이를테면 일본의 영어 입시에는 영어 자유 작문 문제가 나옵니다. 모든 대학에서 출제하는 문제로, "~에 관해 당신의 의견을 영어 단어 ○○개 이내로 답하시오"라는 형식입니다.

그렇지만 도쿄대에서는 여타 대학과 제한 글자 수를 다르게 설정합니다. 히토쓰바시대 영어 자유 작문은 100~140단어, 기타 상위권 대학도 대개는 100단어 정도의 대답을 요구합니다. 하지만 도쿄대는 매년 조금씩 다르다 해도 평균 70단어 선입니다.

'단어 수가 적으니 도쿄대 시험이 훨씬 쉽지 않을까?'라는 착각은 금물입니다. 짧은 분량 안에 필요한 내용을 모두 넣으려면 글에 꼭 필요한 요점만 쥐어짜야 합니다. 이 **'짧게 쓰라는 압박'**이야말로 도쿄대를 일본 최상위 대학으로 만든 커다란 요인 가운데 하나라고 생각합니다.

도쿄대는 수험생에게 왜 이런 문제를 낼까요? **간결하지만 명확한 설명을 요구함으로써 '요약하는 능력'을 보기 위해**서가 아닐까요? 이처럼 **엄격한 글자 수 제한** 문제를 돌파하고 도쿄대에 합격한 학생은 대부분 입시 과정에서 **빼어난 문장력을 자연스럽게 습득합니다.**

우리 제자 중 도쿄대에 합격한 학생들은 글쓰기 관련 아르바이트도 자주 하는데, 모두 고1 무렵과는 완전히 달라진 실력을 뽐내고 있습니다. 여러 학생을 지켜본 경험으로, 저는 글자 수를 제한하는 입시 문제가 문장력 훈련에 매우 큰 효과를 보인다고 여기게 되었습니다.

신문이든 책이든, 어떤 글이든 한 편을 정해 요약하는 훈련을 해봅시다.

 ## 요약의 기술

다만 요약도 무작정 글을 줄이기만 해서는 소용이 없습니다. 요약 훈련에는 특별한 요령이 필요합니다. 이 책에서 처음부터 지금까지 이야기한 질문과 대답의 기술입니다.

공백 포함 170자인 다음 글을 보십시오.

독일은 무역 의존도가 높은 국가다. 그 이유는 독일이 유럽연합(EU) 회원국이기 때문이다. EU에서는 공통 화폐인 유로를 사용하며, 셍겐 조약 이후로 연합 내의 사람·물건·돈이 제한 없이 이동하면서 EU 간 자유무역이 추진되고 있다. 이러한 배경이 있어 독일에서는 EU를 상대로 활발한 무역이 이루어진다.

이 글을 100자 전후로 요약해 봅시다. 아무 문장이나 대강 삭제하는 것이 아닙니다. 삭제할 근거가 필요합니다.

이 글에서 '큰 질문'은 "독일은 왜 무역 의존도가 높은가?"입니다. 이후는 이 질문에 대해 답하는 구조로 쓰여 있습니다. 그렇다면 **"독일은 왜 무역 의존도가 높은가?"라는 질문의 대답과 관련 없는 부분은 삭제**해도 됩니다. 해당하는 문장을 지운 글은 다음과 같습니다.

독일의 무역 의존도가 높은 이유는 EU 회원국이기 때문이다. EU는 유로와 셍겐 조약을 통해 연합 간 자유무역을 추진하며, 독일에서도 EU를 상대로 활발한 무역이 이루어진다. (97자)

독일의 무역 의존도가 높은 이유는 EU 회원국이기 때문이다. EU는 연합 간 자유무역을 추진하므로, 독일에서도 EU 상대로 활발한 무역이 이루어진다. (83자)

요약한 글에서는 "EU에서는 공통 화폐인 유로를 사용하며, 셍겐 조약 이후로 EU 내의 사람·물건·돈이 제한 없이 이동하면서 연합 간 자유무역이 추진되고 있다"라는 문장을 "EU는 유로와 셍겐 조약을 통해 연합 간 자유무역을 추진하며"라고 짧게 줄였습니다.

이 구절을 삭제한 이유는 유로가 무엇인지 설명하거나 솅겐 조약의 상세를 설명하는 구절이 'EU에서는 자유무역이 추진된다'라는 내용을 수식하는 부분이기 때문입니다. 자세한 내용을 설명하는 구절이므로 삭제해도 내용에 지장이 없습니다.

더 자세히 설명하겠습니다. 이 글의 질문과 대답은 다음과 같습니다.

(질문 1) 독일은 왜 무역 의존도가 높은가?

(답변 1) 독일이 EU 회원국이므로

(질문 2) EU 회원국은 왜 무역 의존도가 높은가?

(답변 2) EU는 유로나 솅겐 조약을 통해 연합 내 자유무역을 추진하고 있으므로

(질문 3) EU 내에서 자유무역이 추진되는 구체적 예시는?

(답변 3) EU 공통 화폐인 유로 사용, EU 내의 사람·물건·돈이 제한 없이 이동할 수 있도록 협의한 솅겐 조약

(질문 4) EU 회원국인 독일의 무역 의존도가 높은 이유는?

(답변 4) 독일에서는 EU 상대로 활발한 무역이 이루어지므로

이 가운데 "독일은 왜 무역 의존도가 높은가?"라는 '큰 질문'과 관련된 중요 질문은 '질문 1, 질문 2, 질문 4'입니다. 질문 3은 구체적인 예시일 뿐 그리 중요하지 않은 내용입니다.

따라서 질문 3을 삭제하고 "EU는 유로나 솅겐 조약을 통해 연합 내 자유무역을 추진하고 있다"만 남겨도 글의 중심 내용은 변함없이 유지됩니다.

3단계 법칙을 적용해 스스로 써 보자

 도쿄대 입학시험에 도전!

이제는 정말 마지막으로 책에서 설명한 3단계 법칙에 따라 글을 직접 써 봅시다.

다음에 실린 문제를 보십시오. 2019년 도쿄대 공학부의 한 입시 전형 중에 출제된 문제입니다. "내가 어떻게 도쿄대 리포트를 써?"라고 겁부터 먹은 분, 걱정하지 마세요. 글쓰기 3단계 법칙을 침착하게 따라가면 누구든지 글을 쓸 수 있으니까요. 주저하지 말고 쓰십시오.

해답은 오른쪽에 있습니다. 예시를 두 종류로 준비했으니 참고하시기 바랍니다.

[문제]

수없이 많은 발명 또는 발견 가운데 당신이 특히 독창적이라고 생각한 발명이나 발견을 한 가지 선택하고 그 이유를 설명하시오.

(2019년 도쿄대 공학부 학교 추천형 선발 입시 소논문 주제)

[해답 예시 ①]

[1단계] '큰 질문'을 만든다(이 문제 같은 경우는 '큰 질문'을 명확히 정한다)

당신이 독창적이라고 생각한 발명 또는 발견은 무엇인가? 그리고 그 이유는?

[2단계] '큰 질문'을 '작은 질문'으로 분해한다

(작은 질문 1) [구체화] 독창적이라고 생각한 발명 또는 발견은 구체적으로 무엇인가?

(작은 질문 2) [이유] 그것이 왜 독창적인가?

(작은 질문 3) [추상화] 애초에 '독창적'이라는 말의 정의는?

[3단계] '작은 질문'에 답한다

('작은 질문 1'의 대답) 세탁기

('작은 질문 2'의 대답) 세탁기가 만들어지기 전에는 강으로 나가 빨래를 해야 했다. 세탁기가 생긴 덕분에 사람들이 집에서 세탁할 수 있게 되었다.

('작은 질문 3'의 대답) 여러 사람이 그 발명으로 혜택을 입은 경우, 독창적 발명이라고 할 수 있다.

(글쓰기 예시)

나는 독창적 발명으로 '세탁기'를 꼽는다. 세탁기가 만들어지기 전에는 빨래를 강에 나가서 해야 했으니 대단한 중노동이었을 것이다. 세탁기가 발명된 덕분에 사람들이 집 안에서 세탁할 수 있게 되었다. 참고로 독창적인 발명이란 여러 사람에게 큰 도움을 준 발명이라고 생각한다. 그 점에 있어 세탁기만큼 사람들의 삶을 편리하게 바꾼 물건은 없을 것이다. 따라서 나는 세탁기가 가장 독창적이라고 생각한다.

[해답 예시 ②]

[1단계] '큰 질문'을 만든다(이 문제 같은 경우는 '큰 질문'을 명확히 정한다)

당신이 독창적이라고 생각한 발명 또는 발견은 무엇인가? 그리고 그 이유는?

[2단계] '큰 질문'을 '작은 질문'으로 분해한다

(작은 질문 1) [구체화] 독창적이라고 생각한 발명 또는 발견은 구체적으로 무엇인가?

(작은 질문 2) [추상화] 애초에 '독창적'이라는 말의 정의는?

(작은 질문 3) [비교] 왜 다른 것과 비교해 그것이 더 독창적인가?

[3단계] '작은 질문'에 답한다

('작은 질문 1'의 대답) 시간

('작은 질문 2'의 대답) 독창적 발견이란 다른 무엇보다도 사회에 큰 영향을 미친 발견이라고 정의할 수 있다.

('작은 질문 3'의 대답) 시간은 이 세상의 바탕을 이루고 있다. 시간이 존재하지 않는다면 사회도 형성될 수 없다.

(글쓰기 예시)

나는 '시간'을 발견한 것이 가장 독창적이라고 생각한다. 먼저 독창적 발견이란 사회에 다른 무엇보다도 큰 영향을 미친 발견이라고 정의할 수 있을 것이다. 그 점에서 시간이야말로 현대 사회의 바탕을 이루고 있다. 시간이 존재하지 않는다면 애초에 사회가 형성될 수도 없다. 다른 사람과 약속을 잡기도 어렵고, 모두 함께 지키던 규칙도 사라지고 말 것이다. 시간은 지금 사회에 없어서는 안 될 요소라고 생각한다. 그래서 나는 '시간'을 발견한 것이 가장 독창적이라고 본다.

마치며

이 책을 쓰면서 저는 '모범답안으로 가득한 예문 모음집을 만들지는 않겠다'라고 마음먹고 있었습니다.

ChatGPT의 등장과 함께 AI가 자동 생성한 '모범답안'을 복사하고 붙여 넣기만 하면 글 한 편이 뚝딱 완성되는 시대가 왔습니다. 결혼식 축사, 감사 인사, 사과문…. 이제는 사람이 직접 글을 쓸 필요가 없어졌지요.

그러나 AI로 만든 글을 복사하고 붙여 넣는 것만으로 정말 글을 썼다고 할 수 있을까요? 이를테면 "친구의 결혼식 축사를 맡게 되었는데, 어떤 말로 축하하면 좋을까?" 고민하는 사람이 있습니다. 챗봇을 사용하면 '결혼식 축사 모범답안'이 즉각 손에 들어올 것입니다. 하지만 그 사람이 정말로 원하는 것은 '누가 들어도 상관없는 무난한 축사'가 아니라 '결혼식 주인공인 친구에게 자신의 진심을 담아 건네는 축사'입니다. 그저 그런 축하 인사로 그 자리를 모면하려는 목적이 아닙니다.

적어도 현재 AI는 '진실한 감정이 담긴 글'을 쓸 수 없습니다. 우리는 앞으로도 우리 스스로 골머리를 앓아 가며 쓴 글을 필요로 할 것입니다.

우리들은 어려서부터 줄곧 '대답'을 찾아 헤맸습니다. 학교 시험에서는 정답을 찾고, 사회에 나가서는 주변의 기대에 답하고자 했습니다. 그러나 진정한 창조성은 시험 답안이나 주위의 기대에 얽매이지 않고 자유로이 '질문'을 만들면서 샘솟는 법입니다.

세상에 재미없는 책은 없습니다. 재미를 느끼지 못하는 자신이 있을 뿐입니다. 매일 똑같은 생활 속에서도 마음 한편에 '질문'을 품는다면 세상을 보는 눈이 완전히 바뀔 것입니다. 노을을 바라보며 과학적 질문, 문학적 질문, 철학적 질문을 이것저것 떠올릴 수도 있겠지요. 그런 질문을 던지고 분해하는 사람에게 있어 노을은 단순한 배경에 그치지 않고 인생 속의 한 장면으로 자리 잡습니다.

이 책이 글쓰기를 통해 여러분의 인생을 더욱 풍성하게 가꾸는 데 조금이라도 보탬이 된다면 기쁘겠습니다.

2024년 7월

쓰지 다카무네